언플러그드 + 엔트리 손으로 배우는 **코딩** 어린이 코딩

발 행 일	|	2024년 11월 15일(1판 1쇄)
개 정 일	|	2025년 04월 15일(1판 2쇄)
I S B N	|	979-11-94150-01-5(13000)
정 가	|	14,000원
집 필	|	김한나
진 행	|	김진원
본문디자인	|	디자인앨리스
발 행 처	|	코딩이지(Codingeasy)
		'코딩이지'는 '아카데미소프트'의 코딩전문 출판사입니다.
발 행 인	|	유성천
주 소	|	경기도 파주시 정문로 588번길 24
홈 페 이 지	|	www.aso.co.kr

※ 이 책은 저작권법에 따라 보호를 받는 저작물이므로 무단 전재와 무단 복제를 금지하며,
이 책 내용의 전부 또는 일부를 이용하려면 반드시 코딩이지의 서면동의를 받아야 합니다.

OT Orientation (기초학습)

▶ **This is Coding 학교편 시리즈의 [손으로 배우는 코딩(언플러그드+엔트리)] 교재의 구성입니다.**

● 손으로 배우는 코딩(언플러그드)

컴퓨터가 아닌 손으로 직접 '만들고, 그리고, 적어보면서' 주어진 문제를 학생 스스로 해결할 수 있도록 구성하였습니다.

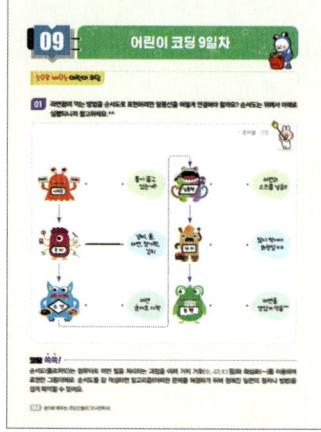

● 엔트리로 블록 코딩하기

엔트리를 이용해서 처음 배우는 친구들이 쉽게 따라 할 수 있도록 미리 만들어진 예제를 제공하여 완성하도록 하였습니다.

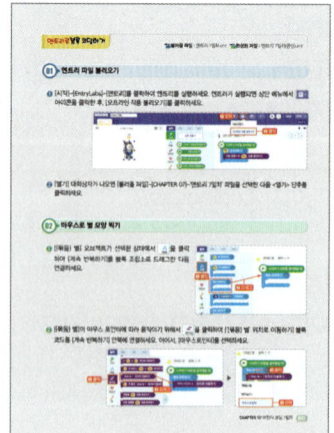
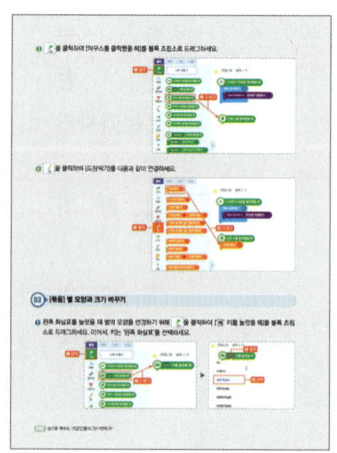

※ 교재에서 사용하는 엔트리(Entry) 프로그램의 버전은 2.1.18입니다.

▶ 엔트리 화면 구성

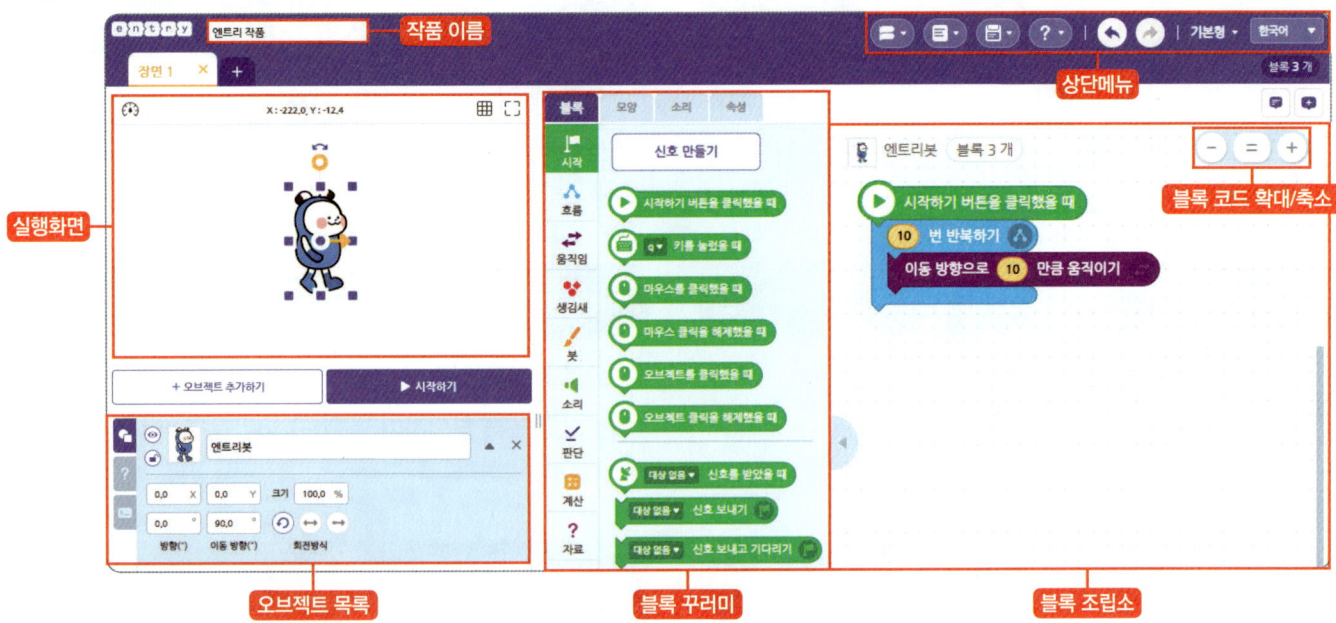

▶ 엔트리 상단 메뉴

엔트리 작품	엔트리 작품 이름이 자동으로 표시되며, 해당 이름을 클릭하면 원하는 이름으로 변경할 수 있습니다.
(블록 코딩 아이콘)	'블록 코딩'과 '엔트리 파이선'을 선택하여 코딩 작업을 할 수 있습니다. 기초 단계에서는 '블록 코딩'으로만 선택하여 코딩을 합니다.
(파일 아이콘)	새로운 작품을 만들거나 기존에 만든 작품을 불러올 수 있습니다.
(저장 아이콘)	현재 작품을 저장하거나 다른 이름으로 저장할 수 있습니다.
?	엔트리 프로그램에 대한 도움말을 확일할 수 있습니다.
(되돌리기 아이콘)	'이전 작업'과 '다음 작업'으로 작업한 내용을 되돌릴 수 있습니다.
기본형	'기본형'과 '교과형'을 선택하여 작업할 수 있습니다. 일반적으로 '기본형'을 선택하여 작업합니다.
한국어	언어(한국어, 영어)를 변경하여 사용할 수 있습니다.

목차 CONTENTS

CHAPTER 01 어린이 코딩 1일차
- 손으로 배우는 어린이 코딩 ······ 006
- 엔트리로 블록 코딩하기 ······ 009

CHAPTER 02 어린이 코딩 2일차
- 손으로 배우는 어린이 코딩 ······ 012
- 엔트리로 블록 코딩하기 ······ 015

CHAPTER 03 어린이 코딩 3일차
- 손으로 배우는 어린이 코딩 ······ 018
- 엔트리로 블록 코딩하기 ······ 021

CHAPTER 04 어린이 코딩 4일차
- 손으로 배우는 어린이 코딩 ······ 024
- 엔트리로 블록 코딩하기 ······ 027

CHAPTER 05 어린이 코딩 5일차
- 손으로 배우는 어린이 코딩 ······ 030
- 엔트리로 블록 코딩하기 ······ 033

CHAPTER 06 어린이 코딩 6일차
- 손으로 배우는 어린이 코딩 ······ 036
- 엔트리로 블록 코딩하기 ······ 039

CHAPTER 07 어린이 코딩 7일차
- 손으로 배우는 어린이 코딩 ······ 042
- 엔트리로 블록 코딩하기 ······ 045

CHAPTER 08 어린이 코딩 8일차
- 손으로 배우는 어린이 코딩 ······ 048
- 엔트리로 블록 코딩하기 ······ 051

CHAPTER 09 어린이 코딩 9일차
- 손으로 배우는 어린이 코딩 ······ 054
- 엔트리로 블록 코딩하기 ······ 057

CHAPTER 10 어린이 코딩 10일차
- 손으로 배우는 어린이 코딩 ······ 060
- 엔트리로 블록 코딩하기 ······ 063

CHAPTER 11 어린이 코딩 11일차
- 손으로 배우는 어린이 코딩 ······ 066
- 엔트리로 블록 코딩하기 ······ 069

CHAPTER 12 어린이 코딩 12일차
- 손으로 배우는 어린이 코딩 ······ 072
- 엔트리로 블록 코딩하기 ······ 075

CHAPTER 13	어린이 코딩 13일차

손으로 배우는 어린이 코딩 · 078
엔트리로 블록 코딩하기 · 081

CHAPTER 14	어린이 코딩 14일차

손으로 배우는 어린이 코딩 · 084
엔트리로 블록 코딩하기 · 087

CHAPTER 15	어린이 코딩 15일차

손으로 배우는 어린이 코딩 · 090
엔트리로 블록 코딩하기 · 093

CHAPTER 16	어린이 코딩 16일차

손으로 배우는 어린이 코딩 · 096
엔트리로 블록 코딩하기 · 099

CHAPTER 17	어린이 코딩 17일차

손으로 배우는 어린이 코딩 · 102
엔트리로 블록 코딩하기 · 105

CHAPTER 18	어린이 코딩 18일차

손으로 배우는 어린이 코딩 · 108
엔트리로 블록 코딩하기 · 111

CHAPTER 19	어린이 코딩 19일차

손으로 배우는 어린이 코딩 · 114
엔트리로 블록 코딩하기 · 117

CHAPTER 20	어린이 코딩 20일차

손으로 배우는 어린이 코딩 · 120
엔트리로 블록 코딩하기 · 123

CHAPTER 21	어린이 코딩 21일차

손으로 배우는 어린이 코딩 · 126
엔트리로 블록 코딩하기 · 129

CHAPTER 22	어린이 코딩 22일차

손으로 배우는 어린이 코딩 · 132
엔트리로 블록 코딩하기 · 135

CHAPTER 23	어린이 코딩 23일차

손으로 배우는 어린이 코딩 · 138
엔트리로 블록 코딩하기 · 141

CHAPTER 24	어린이 코딩 24일차

손으로 배우는 어린이 코딩 · 144
엔트리로 블록 코딩하기 · 147

 # 어린이 코딩 1일차

01 햄버거를 만드는 순서에 맞추어 색칠해 보세요.

– 준비물 : 색연필

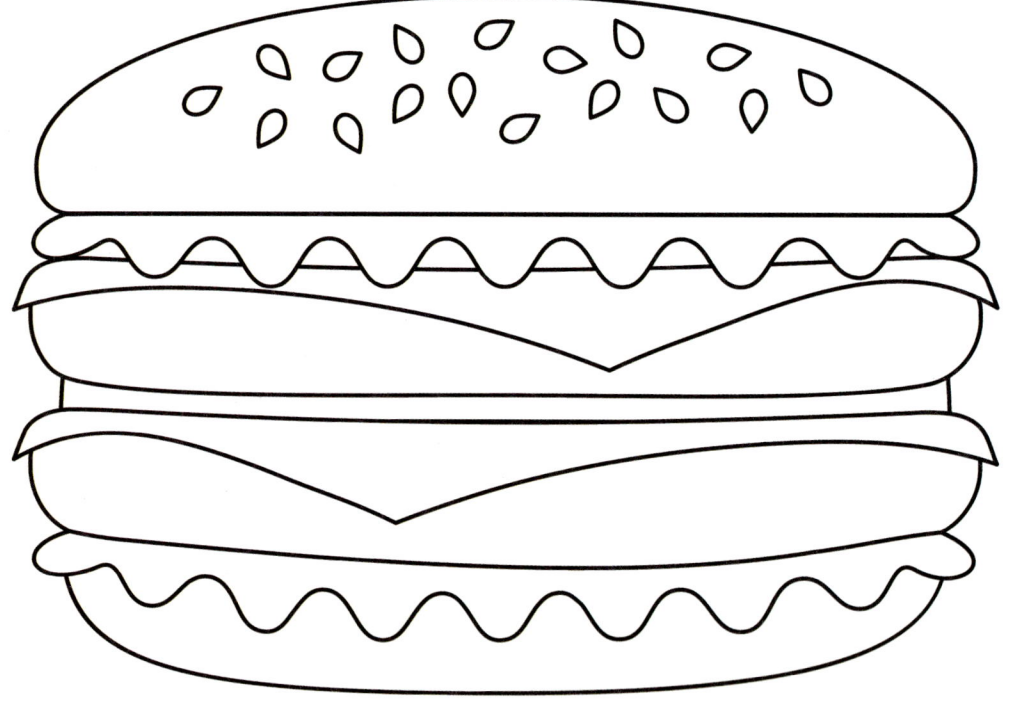

코딩 쏙쏙!

컴퓨터는 어떤 일을 처리할 때 순서에 맞추어 하나씩 처리해요. 예를 들어 컴퓨터에게 '배고파, 놀아줘, 보여줘'라고 작업을 지시하면 컴퓨터는 작업을 지시한 순서대로 결과를 처리하여 보여줘요. 조금은 어렵겠지만 이것을 '순차구조'라고 해요. 자! 그러면 지금부터 순차구조에 가장 대표적인 음식인 햄버거를 예쁘게 색칠해 보세요. 단, 햄버거를 만드는 순서(순차구조)를 생각하면서 색칠하도록 해요!!

02 번호 순서대로 선을 연결한 후 색칠해 보세요.

– 준비물 : 연필, 색연필

03 자동차가 나무와 집, 신호등이 있는 도로를 어떤 순서로 지나가는지 살펴본 후 해당하는 이미지에 알파벳을 적어보세요.

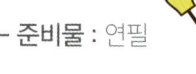
– 준비물 : 연필

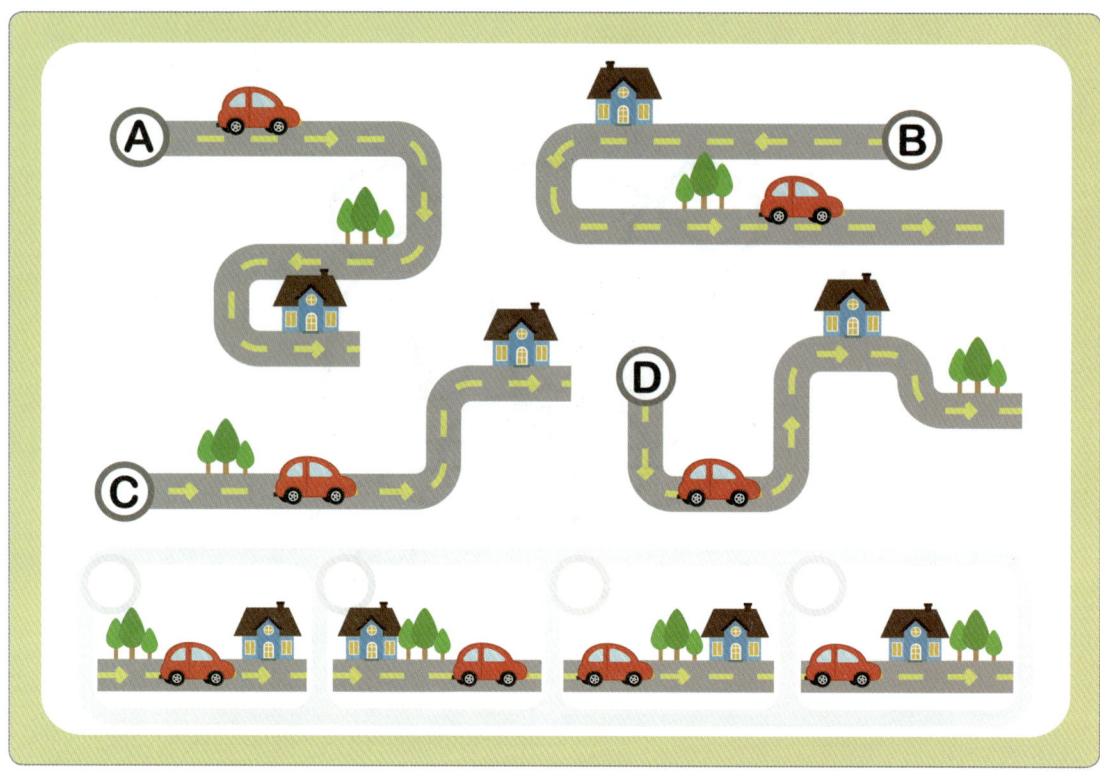

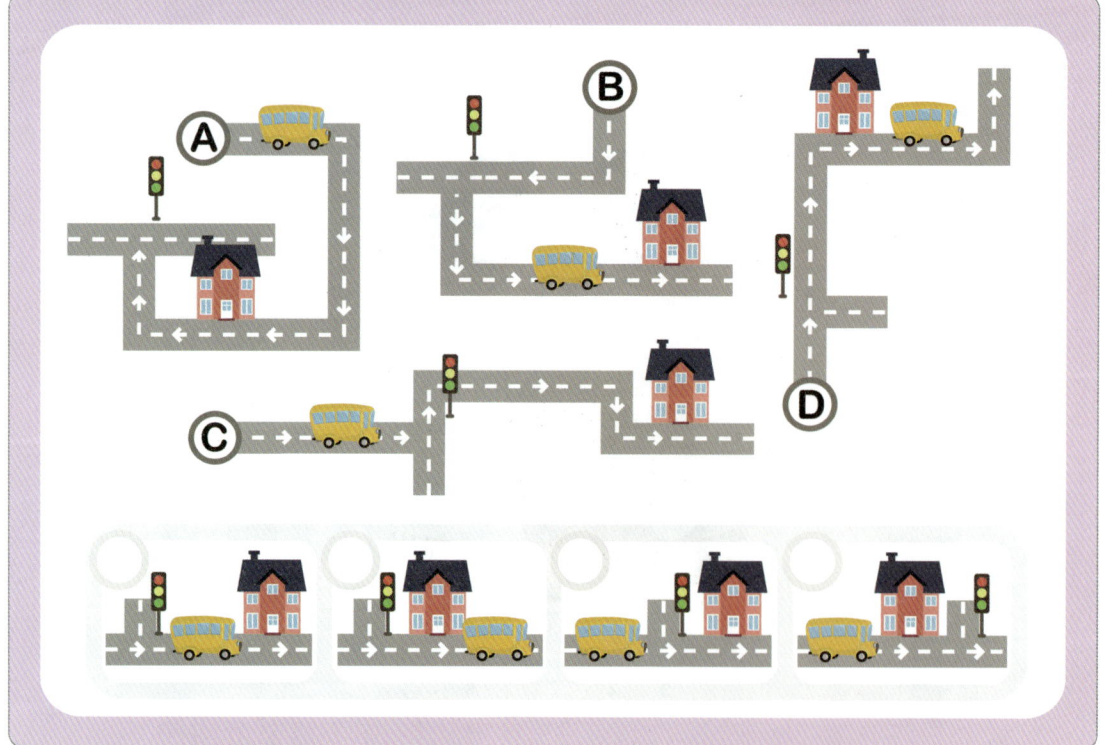

엔트리로 블록 코딩하기

📁 불러올 파일 : 없음　　📁 완성된 파일 : 엔트리 1일차(완성).ent

01 엔트리란?

엔트리는 여러 가지 블록을 조립하여 누구나 쉽고 재미있게 코딩을 할 수 있도록 개발된 프로그램으로 인터넷에서 엔트리를 바로 사용하는 방법과 컴퓨터에 엔트리를 설치하여 사용하는 방법이 있습니다.

02 엔트리 시작하기

❶ [시작]-[EntryLabs]-[엔트리]를 클릭하여 컴퓨터에 설치된 엔트리를 실행하세요.

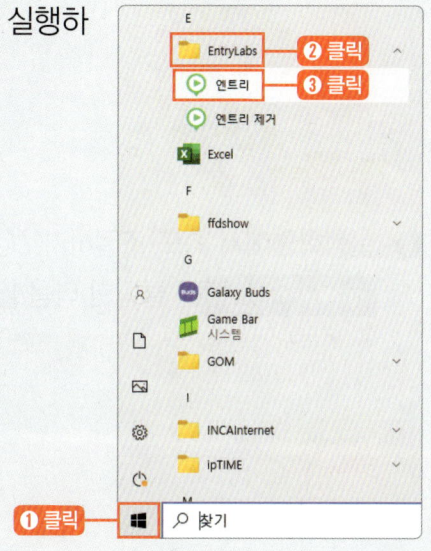

❷ 엔트리가 실행되면 실행화면에서 모눈종이(⊞)를 클릭하여 실행화면에 'X-Y 좌표'가 나오는 것을 확인합니다. 이어서, ▶시작하기 를 클릭한 다음 [엔트리 봇] 오브젝트가 이동하는 것을 확인해 보세요.

> **TIP**
>
> **엔트리 화면 구성**
>
> 엔트리 화면 구성(상단 메뉴, 실행화면, 오브젝트 목록, 블록 꾸러미, 블록 조립소) 및 세부 내용은 교재 맨 앞쪽에 있는 Orientation(기초학습)을 참고하세요. 기초학습 내용은 엔트리 프로그램으로 코딩 작업을 하기 위해서 반드시 알아야 할 내용들로 구성되어 있으니 꼭 읽어보세요.

❸ ■ 정지하기 를 클릭하여 실행을 종료한 후, 실행화면을 전체화면([ ])을 클릭합니다. 이어서, 전체 화면을 확인한 다음 이전 크기로 변경하기 위해서 ⇕를 클릭하세요.

❹ 실행화면에서 속도 조절하기(⊙)를 클릭한 다음 속도 조절 막대바가 나오면 1단계를 클릭합니다. 이어서, ▶ 시작하기 를 클릭한 다음 [엔트리 봇] 오브젝트의 이동 속도를 확인해 보세요.

※ 엔트리 기본속도는 5단계로 되어 있어요. 1단계 속도를 확인한 다음 5단계로 변경하세요.

❺ 실행화면에서 모눈종이(⊞)를 클릭하여 모눈종이를 숨기기 하세요.

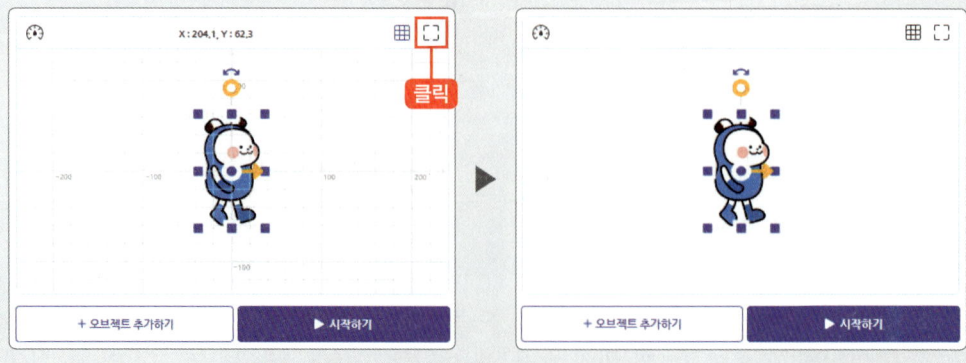

03 작품 이름 변경 및 파일 저장하기

❶ 왼쪽 상단에 작품명 '1장 엔트리'를 입력한 다음 아이콘을 클릭한 후, [저장하기]를 클릭하세요.

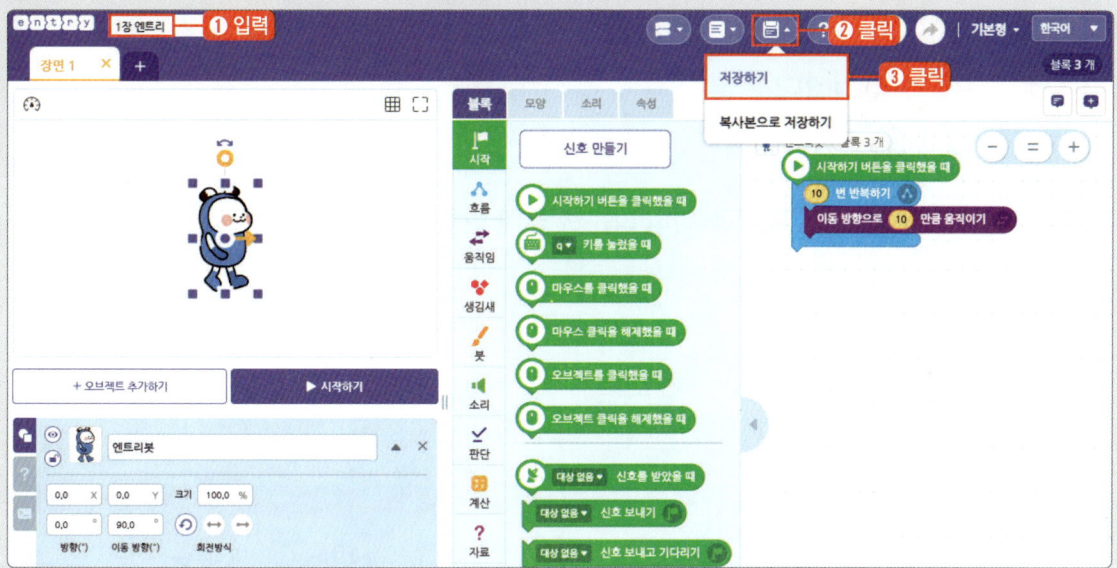

❷ [저장하기] 대화상자가 나오면 본인 이름의 폴더를 선택한 다음 이름을 '1장 엔트리'를 입력하세요. 이어서, <저장> 단추를 클릭하세요.

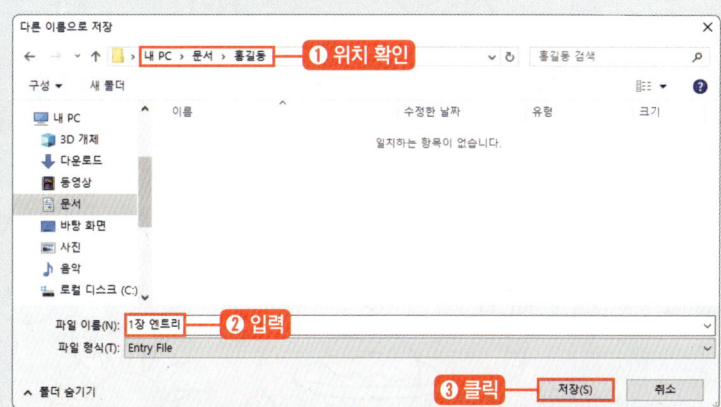

❸ 엔트리를 종료한 후, 다시 실행한 다음 새롭게 엔트리가 실행되면 상단 메뉴에서 아이콘을 클릭하고 [오프라인 작품 불러오기]를 클릭하세요. 이어서, 본인 폴더에 저장된 파일을 선택하고 <열기> 단추를 클릭하세요.

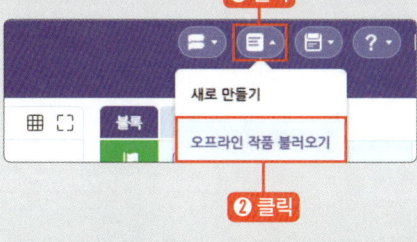

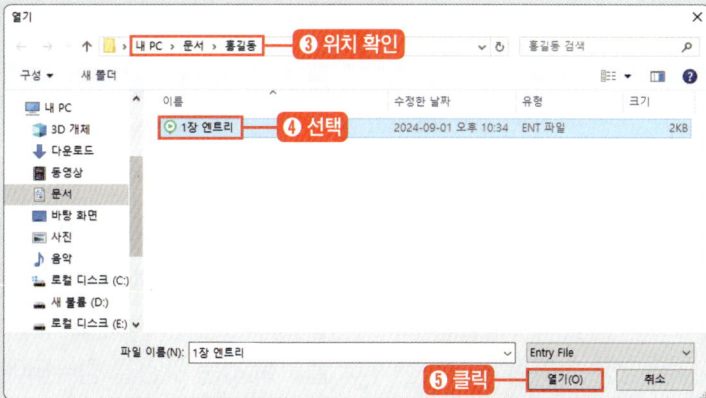

CHAPTER 02 어린이 코딩 2일차

손으로 배우는 어린이 코딩

01 아래 그림 중에서 '여름'과 '바다'라는 조건에 만족하는 것들만 찾아서 색칠해 보세요.

– 준비물 : 색연필

코딩 쏙쏙!

이전 차시에서는 컴퓨터가 기본적으로 순서에 맞추어 일을 처리한다고 배웠어요. 하지만 순서대로 일을 처리하는 도중에 특별한 일이 발생하면 필요에 따라서 조건에 맞추어 일을 처리하는데 이것을 '선택구조'라고 해요. 예를 들어 '배고파, 놀아줘, 보여줘'라고 작업을 지시했을 경우 '배고파'를 처리한 후 '놀아줘'로 넘어왔을 때 배부른 상태에 따라 '지금 당장 놀아줘'와 '1시간 후에 놀아줘'라는 조건을 컴퓨터에게 지정할 수 있어요. 여러분은 컴퓨터가 언제 놀아줬으면 좋겠어요?

02 그림 오른쪽의 조건을 보고 만족하는 이미지들을 찾아보세요.

– 준비물 : 연필

- 조 건 -

가방에 들어가는 물건

- 조 건 -

한 쪽 눈만 보이는 고양이

03 오른쪽 그림과 똑같은 그림자를 찾아보세요. 그리고 나머지 그림자들은 오른쪽 그림과 어디가 다른지 생각해 보세요.

- 준비물 : 연필

엔트리로 블록 코딩하기

■ 불러올 파일 : 엔트리 2일차.ent   ■ 완성된 파일 : 엔트리 2일차(완성).ent

01 엔트리 파일 불러오기

❶ [시작]-[EntryLabs]-[엔트리]를 클릭하여 엔트리를 실행하세요. 엔트리가 실행되면 상단 메뉴에서 아이콘을 클릭한 후, [오프라인 작품 불러오기]를 클릭하세요.

❷ [열기] 대화상자가 나오면 [불러올 파일]-[CHAPTER 02]-'엔트리 2일차' 파일을 선택한 다음 <열기> 단추를 클릭하세요.

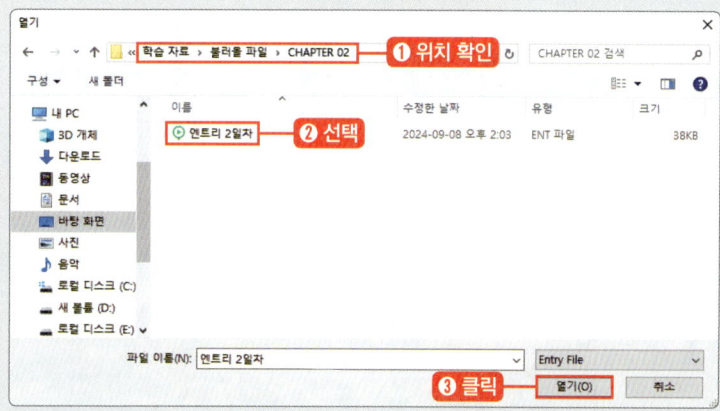

02 엔트리봇 이동하기

❶ 엔트리봇 오브젝트가 선택된 상태에서 블록 꾸러미에서 [시작]을 클릭하여 [시작하기 버튼을 클릭했을 때]를 블록 조립소로 드래그하세요.

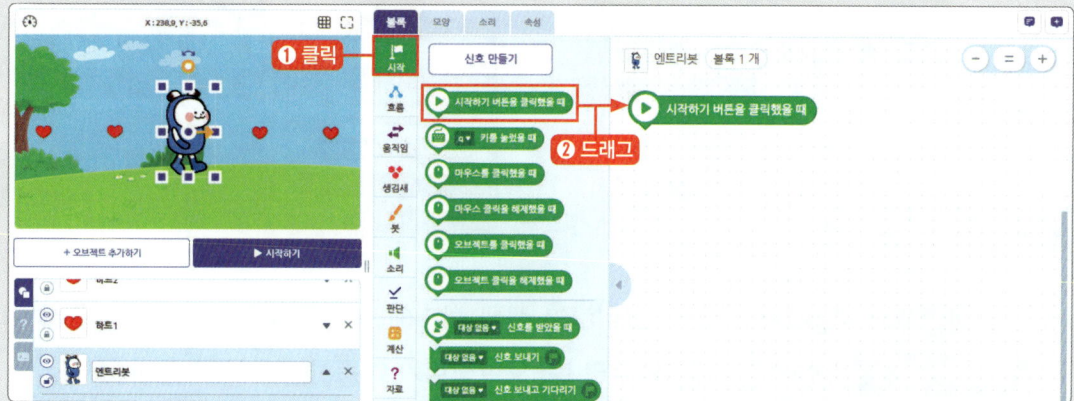

❷ 블록 꾸러미에서 움직임을 클릭하여 `x: 10 위치로 이동하기`를 블록 조립소로 드래그한 다음 연결하세요. 이어서, 입력란에 '100'을 입력하세요.

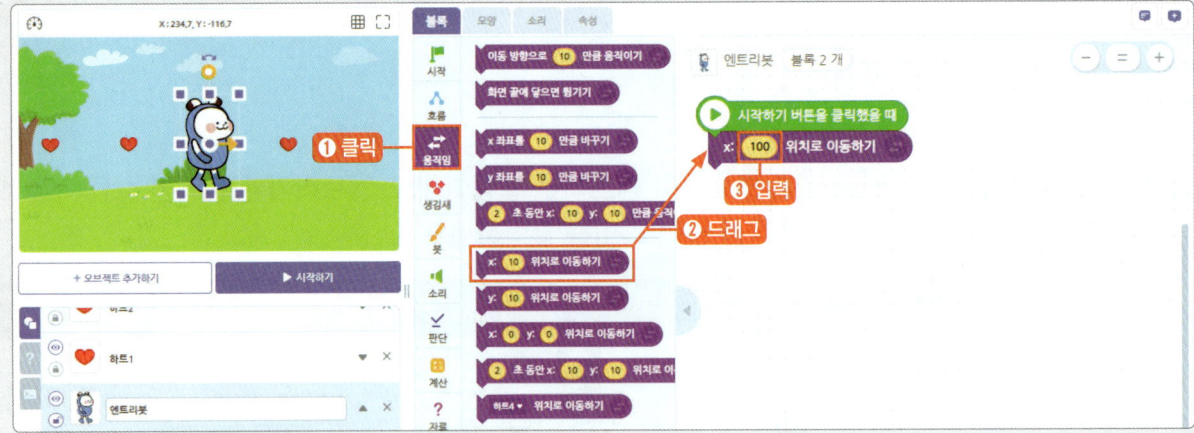

❸ 블록 꾸러미에서 흐름을 클릭하여 `2 초 기다리기`를 블록 조립소로 드래그한 다음 연결하세요. 이어서, 입력란에 '1'을 입력하세요.

❹ 같은 방법으로 다음과 같이 블록 코드를 만들어 보세요.

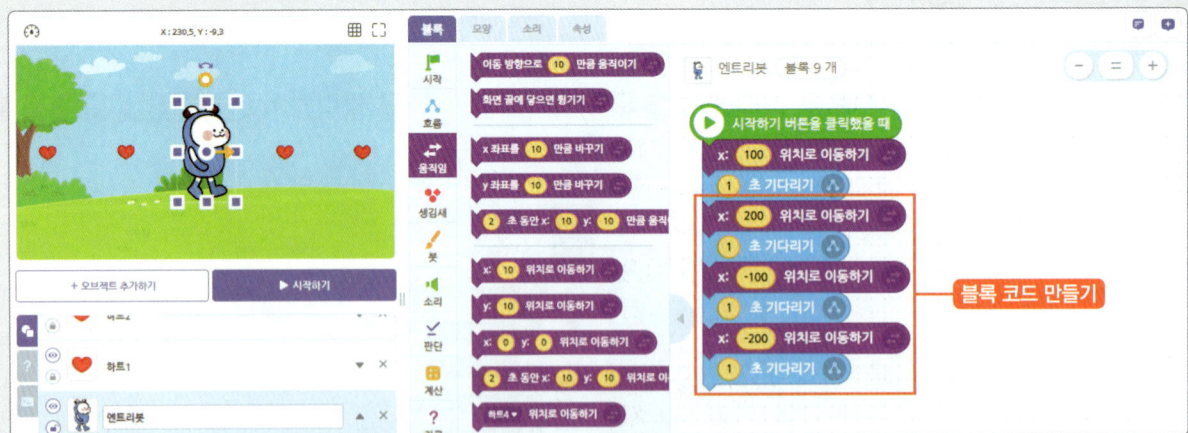

❺ 실행화면에서 모눈종이(⊞)를 클릭하여 실행 화면에 'X-Y 좌표'가 나오는 것을 확인해 보세요. 이어서, ▶시작하기를 클릭한 다음 [엔트리 봇] 오브젝트가 이동하는 것을 확인해 보세요.

❻ [엔트리봇] 오브젝트가 하트의 위치로 이동하는 주소를 확인해 보세요.

※ ① 하트1(x좌표 100), ② 하트2(x좌표 200), ③ 하트3(x좌표 -100), ④ 하트4(x좌표 -200)

TIP 엔트리의 x좌표를 확인하면 모눈종이 한 칸에 20이며 [엔트리봇] 오브젝트 중심은 '0'으로 왼쪽 끝은 '-240'이고 오른쪽은 '240'이에요.

03 블록 코드 삭제 및 복원

❶ 블록 조립소의 두 번째 블록 코드에 마우스를 올린 다음 마우스 왼쪽 단추를 누르면서 왼쪽 블록 꾸러미로 드래그해 보세요. 이어서, 휴지통 모양으로 변경되었을 때 마우스 왼쪽 단추를 놓으면 삭제가 돼요.

❷ 지워진 블록 코드를 복원하기 위해서 오른쪽 상단 ⬅ 아이콘을 클릭하세요.

CHAPTER 03 어린이 코딩 3일차

눈으로 배우는 어린이 코딩

01 주사위를 던져서 나오는 숫자(1~6)에 맞추어 '눈, 코, 입, 귀'를 그려보세요. 랜덤으로 나오는 숫자를 조합한 얼굴은 과연 어떤 모습일까요?

– 준비물 : 주사위, 연필, 색연필

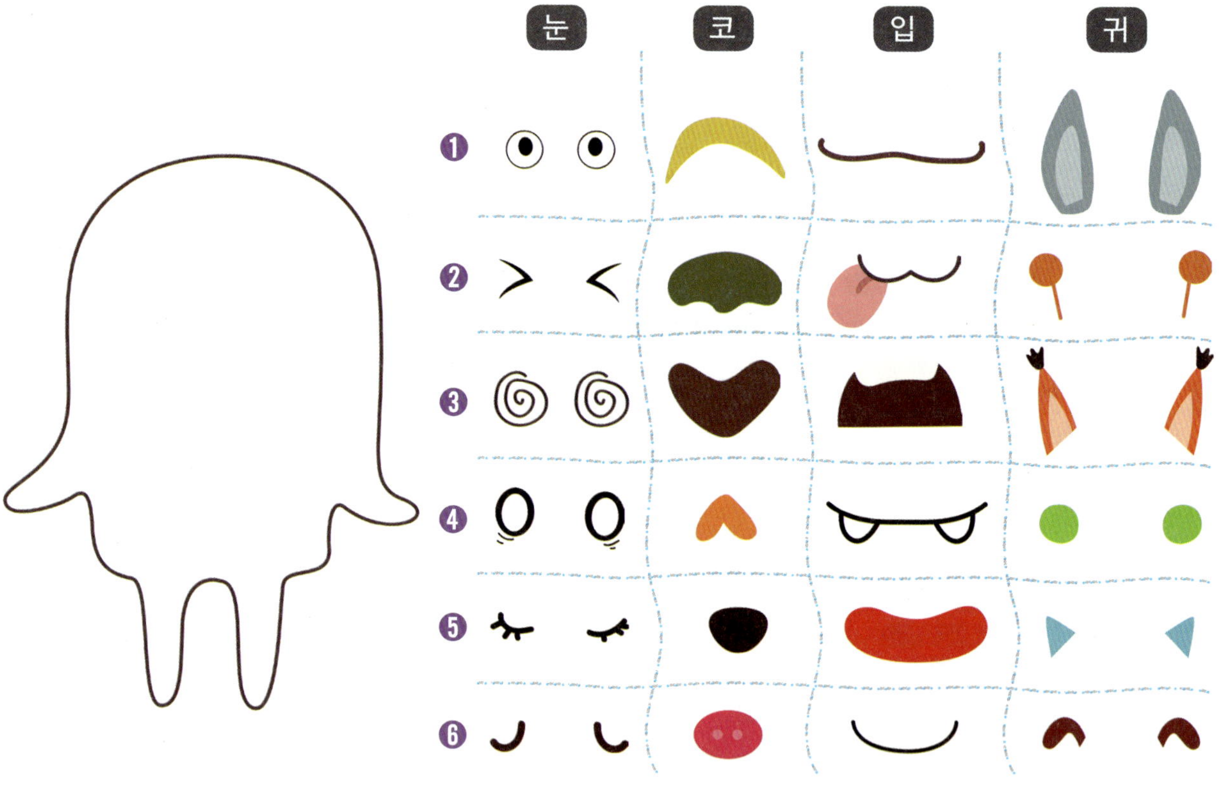

	눈	코	입	귀
①	⊙ ⊙	(노란색)	(콧수염)	(토끼 귀)
②	> <	(초록색)	(혀)	(막대사탕)
③	◎ ◎	(갈색)	(큰 입)	(여우 귀)
④	◯ ◯	(주황색)	(송곳니)	(초록 원)
⑤	(감은 눈)	(검정색)	(빨간 입)	(세모)
⑥	⌣ ⌣	(돼지코)	(웃는 입)	(곰 귀)

코딩 쏙쏙!

컴퓨터는 어떤 일을 할 때 랜덤(무작위)으로 처리하는 경우가 있어요. 랜덤이라는 단어가 어렵기 때문에 쉽게 풀어볼 게요. 여러분이 주사위를 던졌을 때 나올 수 있는 숫자는 총 6개(1, 2, 3, 4, 5, 6)이지만 어떤 숫자가 나올지는 아무도 모르죠? 정해져 있지 않은 순서! 이것이 바로 랜덤의 개념이에요.

02 인디언식 이름짓기

– 준비물 : 연필

인디언들의 이름에는 성과 이름이 따로 없지만, 태어난 연도의 끝자리, 태어난 월, 태어난 일에 해당하는 모든 수식어를 조합해서 이름을 만드는 전통이 있습니다. 아래 표를 보고 자신의 생년월일에 해당하는 수식어를 조합해서 나의 인디언식 이름을 만들어 보세요.

예 2021년 1월 1일생 → 푸른 늑대와 함께 춤을
※ 1년(푸른) + 1월(늑대) + 1일(~와 함께 춤을)

연도	
숫자	수식어
0	말 많은
1	푸른
2	어두운
3	조용한
4	웅크린
5	백색
6	지혜로운
7	용감한
8	날카로운
9	욕심 많은

월	
숫자	수식어
1	늑대
2	태양
3	양
4	매
5	황소
6	불꽃
7	나무
8	달빛
9	말
10	돼지
11	하늘
12	바람

일	
숫자	수식어
1	~와(과) 함께 춤을
2	~의 기상
3	~은(는) 그림자 속에
4	-
5	-
6	-
7	~의 환생
8	~의 죽음
9	~아래에서
10	~을(를) 보라
11	~이(가) 노래하다
12	~의 그늘(그림자)
13	~의 일격
14	~에게 쫓기는 남자
15	~의 행진
16	~의 왕
17	~의 유령
18	~을(를) 죽인 자
19	~은(는) 맨날 잠잔다
20	~처럼
21	~의 고향
22	~의 전사
23	~은(는) 나의 친구
24	~의 노래
25	~의 정령
26	~의 파수꾼
27	~의 악마
28	~와(과) 같은 사나이
29	~의 심판자
30	~의 혼
31	~은(는) 말이 없다

나의 이름은?

| 03 | 주사위 2개를 던져서 나의 음식 별명과 나의 별명을 만들어 보세요. |

– 준비물 : 주사위

나의 음식 별명은?

첫 번째 주사위	수식어		두 번째 주사위	수식어		별명
1	새콤달콤		1	사과		
2	단짠단짠	+	2	딸기	=	
3	맛없는		3	수박		
4	핵불맛		4	떡볶이		
5	뜨거운		5	피자		
6	차가운		6	마라탕		

주사위 2개 던져서 별명짓기

첫 번째 주사위	수식어		두 번째 주사위	수식어		이름
1	귀엽고 예쁜		1	개코원숭이		
2	살벌한	+	2	다람쥐	=	
3	못생긴		3	달팽이		
4	사랑스러운		4	햄스터		
5	시끄러운		5	기니피그		
6	애교 많은		6	고슴도치		

엔트리로 블록 코딩하기

■ 불러올 파일 : 엔트리 3일차.ent   ■ 완성된 파일 : 엔트리 3일차(완성).ent

01 엔트리 파일 불러오기

❶ [시작]-[EntryLabs]-[엔트리]를 클릭하여 엔트리를 실행하세요. 엔트리가 실행되면 상단 메뉴에서 아이콘을 클릭한 후, [오프라인 작품 불러오기]를 클릭하세요.

❷ [열기] 대화상자가 나오면 [불러올 파일]-[CHAPTER 03]-'엔트리 3일차' 파일을 선택한 다음 <열기> 단추를 클릭하세요.

02 동물 친구들 위치 알아보기

❶ [아기 판다] 오브젝트의 위치를 알아보기 위해서 마우스 포인트를 [아기 판다] 오브젝트의 중심에 올려보세요. 이어서, 상단에 [아기 판다] 오브젝트의 위치가 표시되면 위치를 적어보세요. (소수점은 생략합니다.)
※ 오브젝트의 위치는 교재와 다르게 나올 수 있어요.

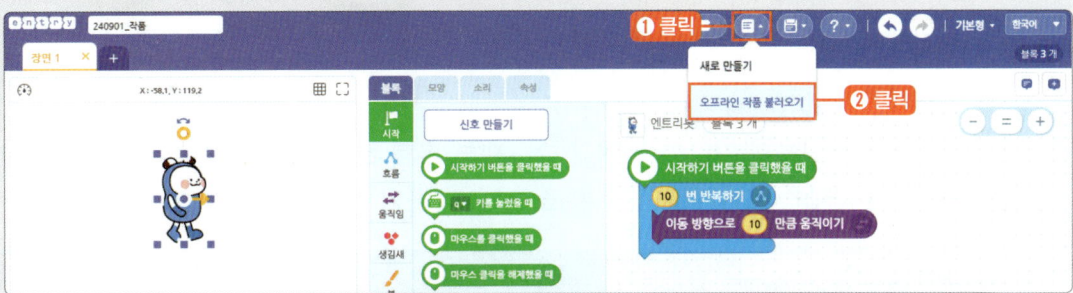

아기 판다의 위치
X :   30   , Y : -79

❷ 같은 방법으로 [강아지], [미어캣] 오브젝트의 위치를 적어보세요.

강아지의 위치
X :   , Y :

미어캣의 위치
X :   , Y :

엔트리봇이 동물들과 만나기

① 엔트리봇이 동물들과 만나기 위해서 순서를 정해보세요. 만나는 순서는 [아기 판다], [미어캣], [강아지] 순서로 만날 예정이에요.

② [아기 판다] 오브젝트를 만나기 위해서 오브젝트 목록 창의 [엔트리봇] 오브젝트를 클릭하고 다음과 같이 블록 코드를 만들어 보세요. 이어서, 블록 코드에 [아기 판다] 오브젝트의 위치를 입력하세요.

③ [아기 판다] 오브젝트와 1초를 만난 다음 [미어캣] 오브젝트를 만나기 위해서 다음과 같이 블록 코드를 만들어 보세요.
※ [미어캣] 오브젝트의 입력값은 본인이 적어놓은 값으로 입력하세요.

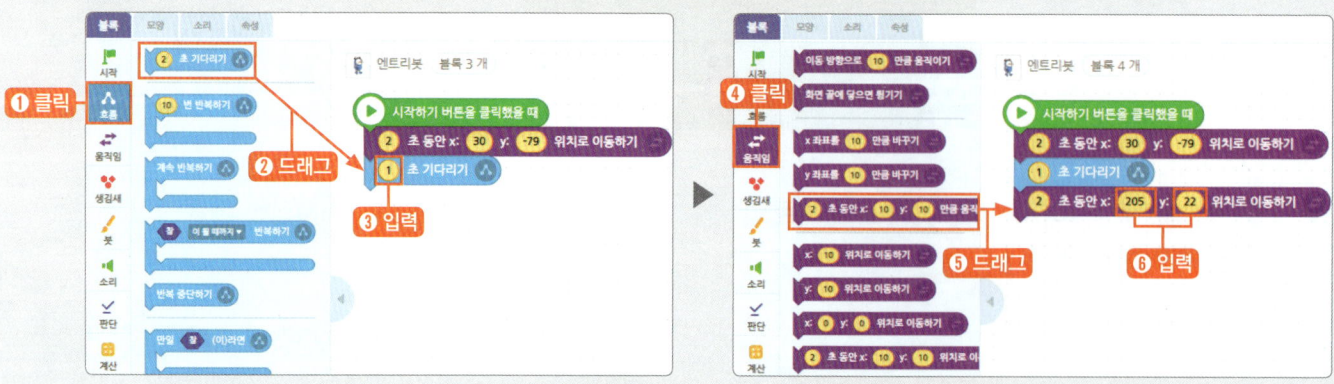

❹ [미어캣] 오브젝트와 1초를 만난 다음 [강아지] 오브젝트를 바라보는 블록 코드를 만들어 보세요.

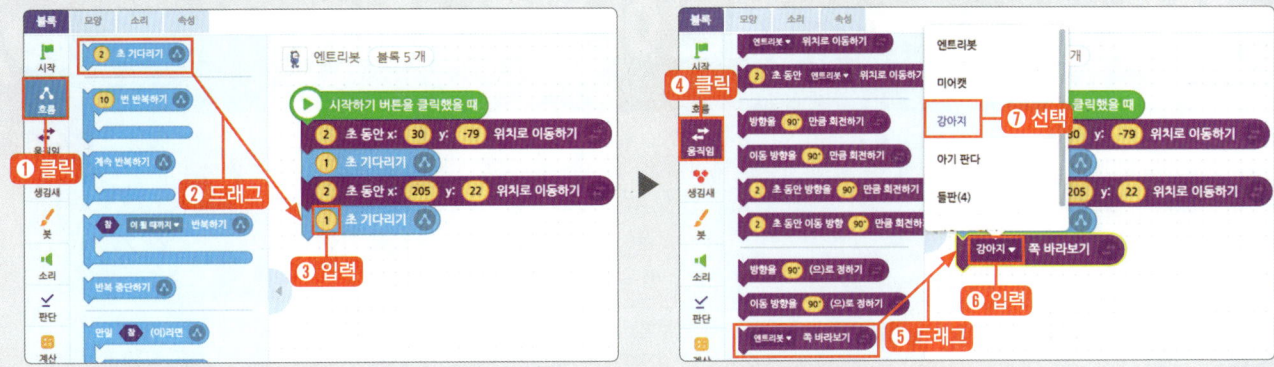

❺ [강아지] 오브젝트를 만나기 위해서 다음과 같이 블록 코드를 만들어 보세요.

※ [강아지] 오브젝트의 입력값은 본인이 적어놓은 값으로 입력하세요.

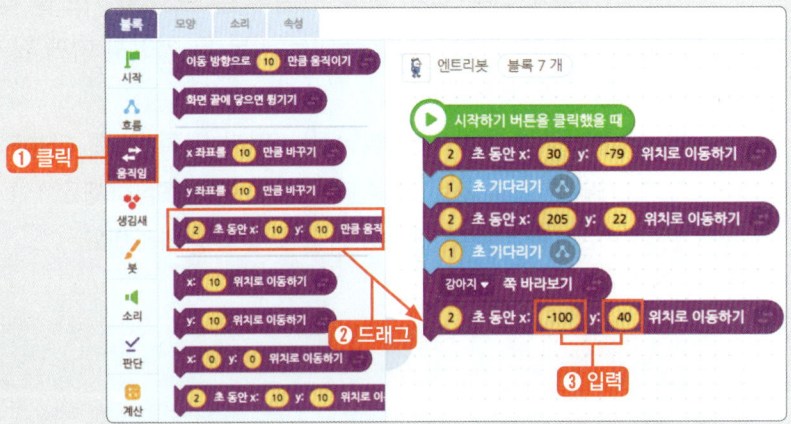

❻ ▶시작하기 를 클릭한 다음 [엔트리 봇] 오브젝트가 동물 친구들을 만나는 순서를 확인해 보세요.

❼ 블록 코드가 완성되면 아이콘을 클릭한 후, [저장하기]를 클릭하세요. 이어서, [저장하기] 대화상자가 나오면 본인 이름의 폴더에 '3장 엔트리(완성)'을 입력한 다음 <저장> 단추를 클릭하세요.

CHAPTER 04 어린이 코딩 4일차

손으로 배우는 어린이 코딩

01 카드 뒤집기(기억력) 놀이

- 준비물 : 가위 - 인원 : 2명 또는 혼자

카드 뒤집기 놀이는 '같은 색상' 또는 '같은 모양'의 카드를 찾는 게임으로 기억력과 집중력을 향상시킬 수 있어요. 카드 뒤집기 놀이는 기본 두 명이서 함께 할 수 있지만 상황에 따라서 혼자서도 할 수 있어요.

카드 뒤집기 놀이를 하기 위해서는 먼저 뒤쪽 [부록 CHAPTER 04]의 카드 모양을 가위로 오리세요.(가위로 오릴 때는 손을 다치지 않도록 조심하세요.^^) 가위로 오려낸 18장의 카드는 색상과 모양이 보이지 않도록 뒷면이 위로 오도록 정리하세요.

같은 색상의 카드 찾기 게임 방법

❶ 18장의 카드를 섞어서 뒷면이 보이도록 아래 그림처럼 배치하세요.
❷ 한 개의 카드를 뒤집어 색상(예 : 파랑)을 확인한 후 다른 한 개의 카드를 뒤집으세요.
❸ 만약 2개의 카드 색상이 같으면 2개의 카드를 가져간 후 다시 똑같은 색상의 카드를 찾습니다.
　– 같은 색상의 카드를 찾으면 한 번 더 뒤집을 수 있어요.
❹ 색상이 같지 않을 경우 카드를 원래 상태로 뒤집어 놓고 해당 위치의 색상을 머릿속에 기억해 두었다가 다음 순서 때 똑같은 색상의 카드를 찾아보세요.
❺ 카드를 많이 가져가는 사람이 승리하는 게임이에요.

같은 모양의 카드 찾기 게임 방법

❶ 18장의 카드를 섞어서 뒷면이 보이도록 아래 그림처럼 배치하세요.
❷ 한 개의 카드를 뒤집어 모양을 확인한 후 다른 한 개의 카드를 뒤집으세요.
❸ 만약 2개의 카드 모양이 같으면 2개의 카드를 가져간 후 다시 똑같은 모양의 카드를 찾습니다.
　– 같은 모양의 카드를 찾으면 한 번 더 뒤집을 수 있어요.
❹ 모양이 같지 않을 경우 카드를 원래 상태로 뒤집어 놓고 해당 위치의 모양을 머릿속에 기억해 두었다가 다음 순서 때 똑같은 모양의 카드를 찾아보세요.
❺ 카드를 많이 가져가는 사람이 승리하는 게임이에요.

02 왼쪽의 모양을 머릿속에 기억한 후 오른쪽에 들어갈 모양을 찾아보세요.

– 준비물 : 연필

※ 힌트 : 가운데 점선을 기준으로 종이를 접었을 때 똑같은 모양끼리 겹쳐야 해요

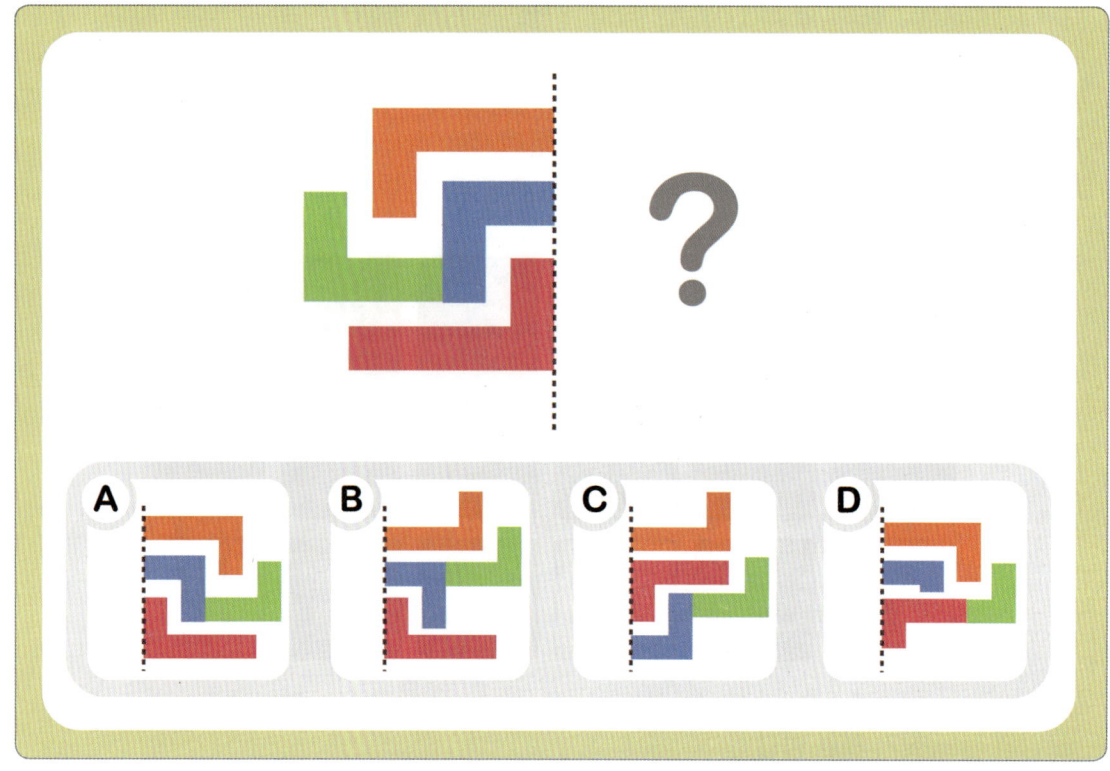

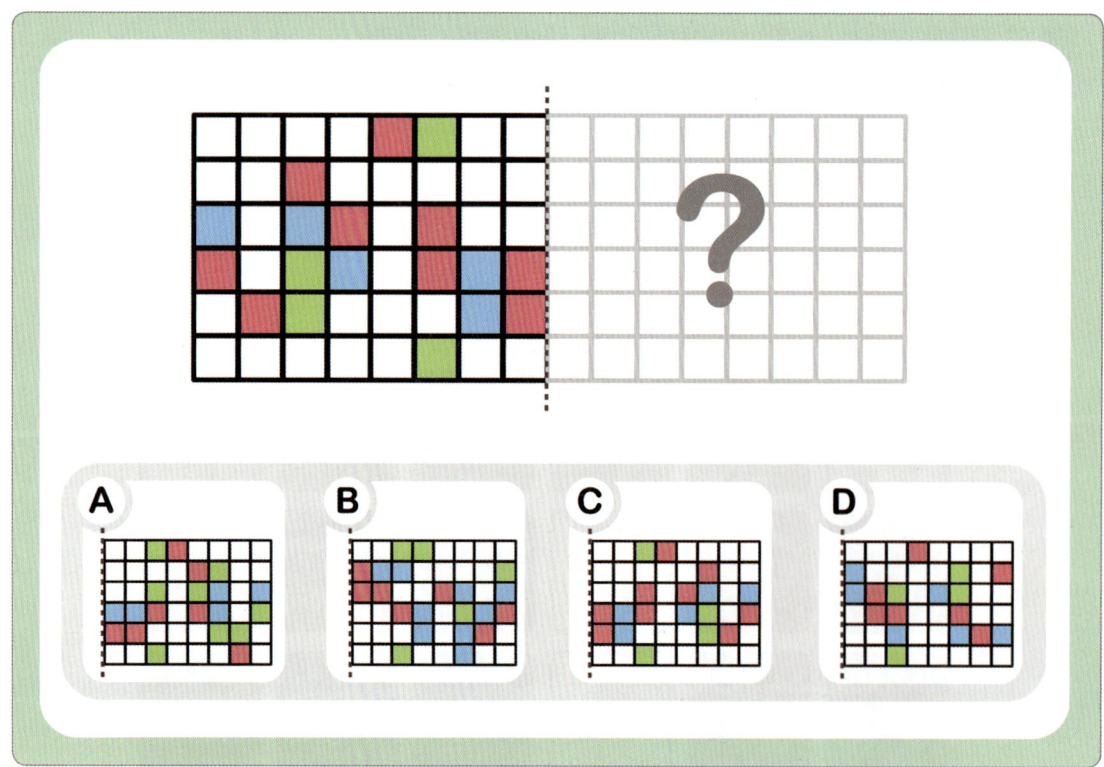

엔트리로 블록 코딩하기

■ 불러올 파일 : 엔트리 4일차.ent   ■ 완성된 파일 : 엔트리 4일차(완성).ent

01 엔트리 파일 불러오기

① [시작]-[EntryLabs]-[엔트리]를 클릭하여 엔트리를 실행하세요. 엔트리가 실행되면 상단 메뉴에서 아이콘을 클릭한 후, [오프라인 작품 불러오기]를 클릭하세요.

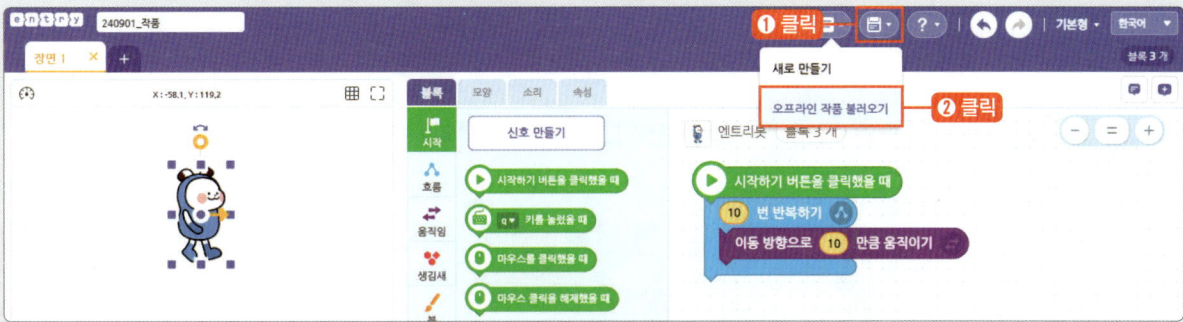

② [열기] 대화상자가 나오면 [불러올 파일]-[CHAPTER 04]-'엔트리 4일차' 파일을 선택한 다음 <열기> 단추를 클릭하세요.

02 엔트리봇 움직이기

① 엔트리봇 오브젝트가 선택된 상태에서 [호름]을 클릭하여 [계속 반복하기]를 블록 조립소로 드래그한 다음 연결하세요.

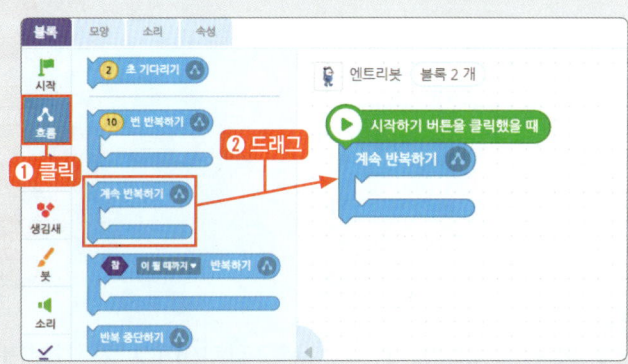

② 엔트리봇을 이동하기 위해서 [움직임]을 클릭하여 [이동 방향으로 '10' 만큼 움직이기]를 [계속 반복하기] 안쪽에 연결하세요.

❸ 화면 끝에 닿으면 반대로 움직이기 위해서 [움직임]에서 [화면 끝에 닿으면 튕기기]를 [계속 반복하기] 안쪽에 연결하세요.

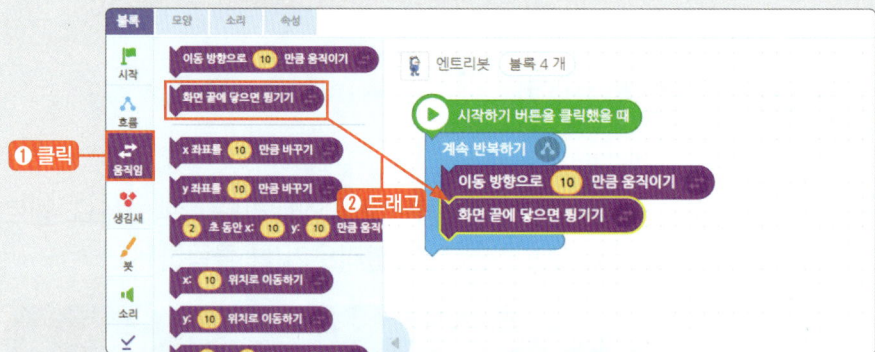

❹ [시작하기]를 클릭한 다음 [엔트리 봇] 오브젝트가 움직이는 것을 확인해 보세요.

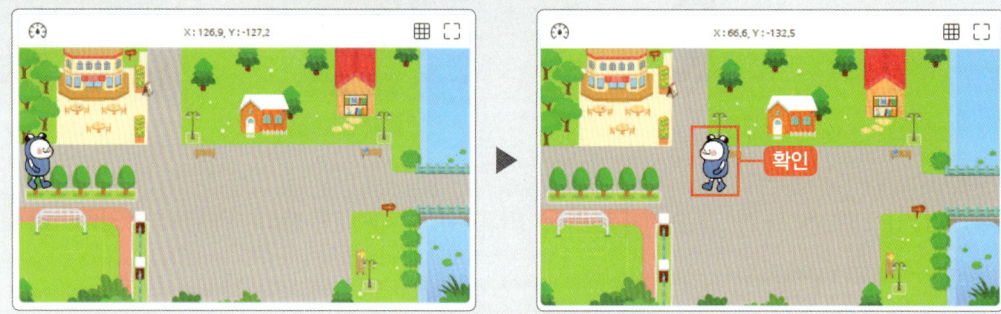

❺ 엔트리봇이 걸어가는 모습을 만들기 위해서 [생김새]를 클릭하여 ['다음' 모양으로 바꾸기]를 [계속 반복하기] 안쪽에 연결하세요.

❻ 블록 꾸러미에서 [흐름]을 클릭하여 ['2'초 기다리기]를 [계속 반복하기] 안쪽에 연결하세요. 이어서, 입력란에 '0'을 입력하세요.

> **TIP**
> [계속 반복하기] 블록 코드에 [초 기다리기]를 넣지 않고 움직이면 엔트리봇이 빨리 움직여요. [초 기다리기]에 숫자 '0.1', '0.2'로 변경하면 움직이는 속도를 조절할 수 있어요.

❼ 엔트리봇의 이동 방향을 정하기 위해서 [움직임]을 클릭하여 [이동 방향을 90°(으)로 정하기]를 [계속 반복하기] 위쪽에 연결하세요.

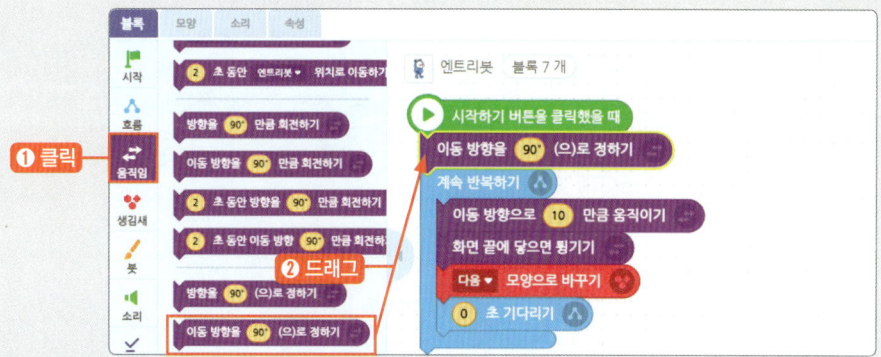

❽ [▶시작하기]를 클릭한 다음 [엔트리 봇] 오브젝트가 움직이는 것을 확인해 보세요.

❾ [이동 방향을 정하기] 블록 코드의 숫자를 '30'으로 변경한 다음 움직이는 것을 확인해 보세요.

❿ [이동 방향을 정하기] 블록 코드의 숫자를 원하는 값으로 변경하고 움직이는 것을 확인해 보세요. 이동 방향 숫자에 따라서 엔트리봇이 다르게 움직이는 것을 확인할 수 있어요.

  ※ 입력값은 '0~359'까지 입력할 수 있어요.

CHAPTER 05 어린이 코딩 5일차

눈으로 배우는 어린이 코딩

01 아래 패턴을 관찰하여 색칠해 보세요.

– 준비물 : 색연필

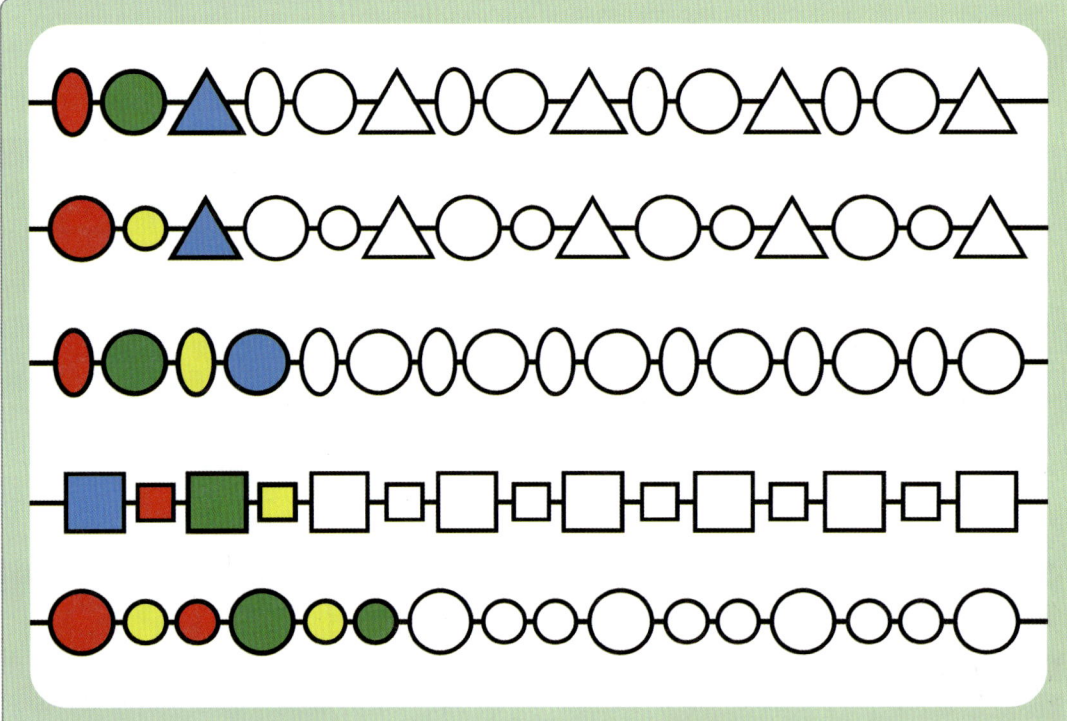

코딩 쏙쏙!

컴퓨터가 어떤 일을 처리할 때 패턴이라는 것을 사용하면 좀 더 편리하게 작업을 할 수 있어요. 패턴이라는 단어를 쉽게 풀어보면 일정한 규칙을 가진 숫자 또는 글자 등을 말해요. 예를 들어 '1, 3, 5, 7, 9, 11, 13, 15, 17, 19' 숫자가 있다면 첫 번째 숫자에 '2'를 더하면 두 번째 숫자가 되고, 두 번째 숫자에 또 다시 '2'를 더하면 세 번째 숫자가 되는 게 보이나요. 이렇듯 앞의 숫자에 '2'를 더하면 그 다음의 숫자를 알 수 있도록 일정한 패턴을 가지고 있네요. 자! 그럼 위 숫자 패턴에서 '19' 다음에는 어떤 숫자가 나올까요?

02 아래 이미지를 확인한 후 물음표(?)에 들어갈 패턴을 찾아보세요

– 준비물 : 연필

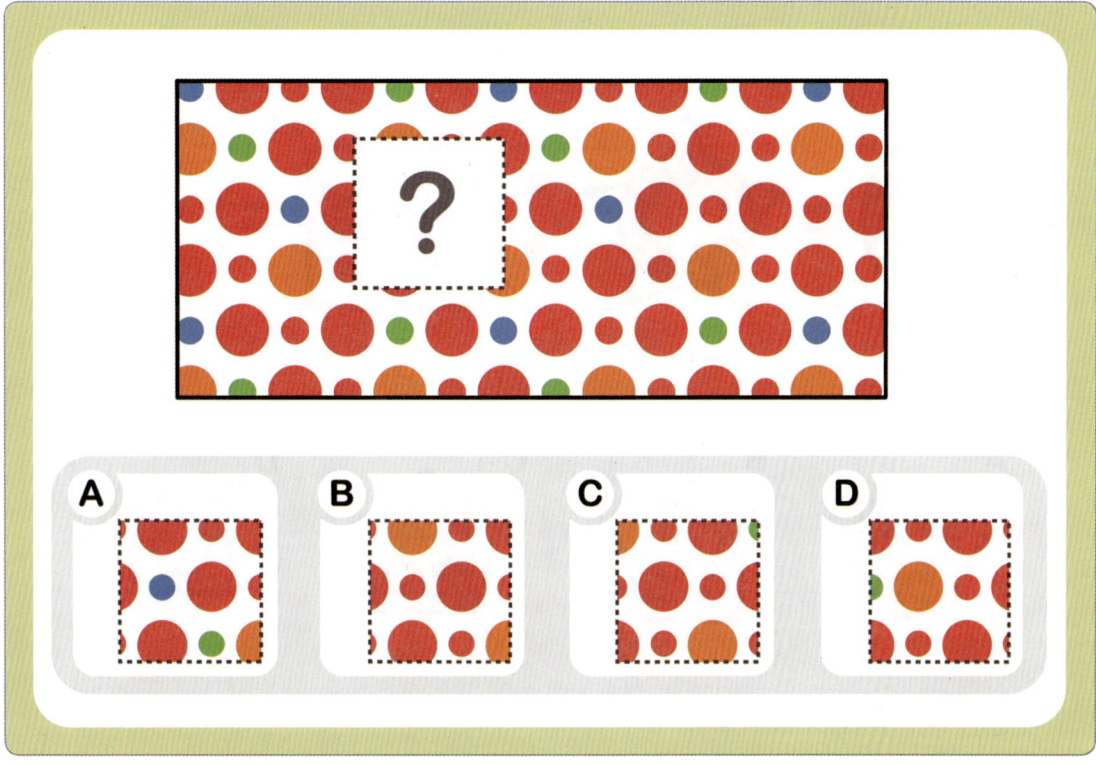

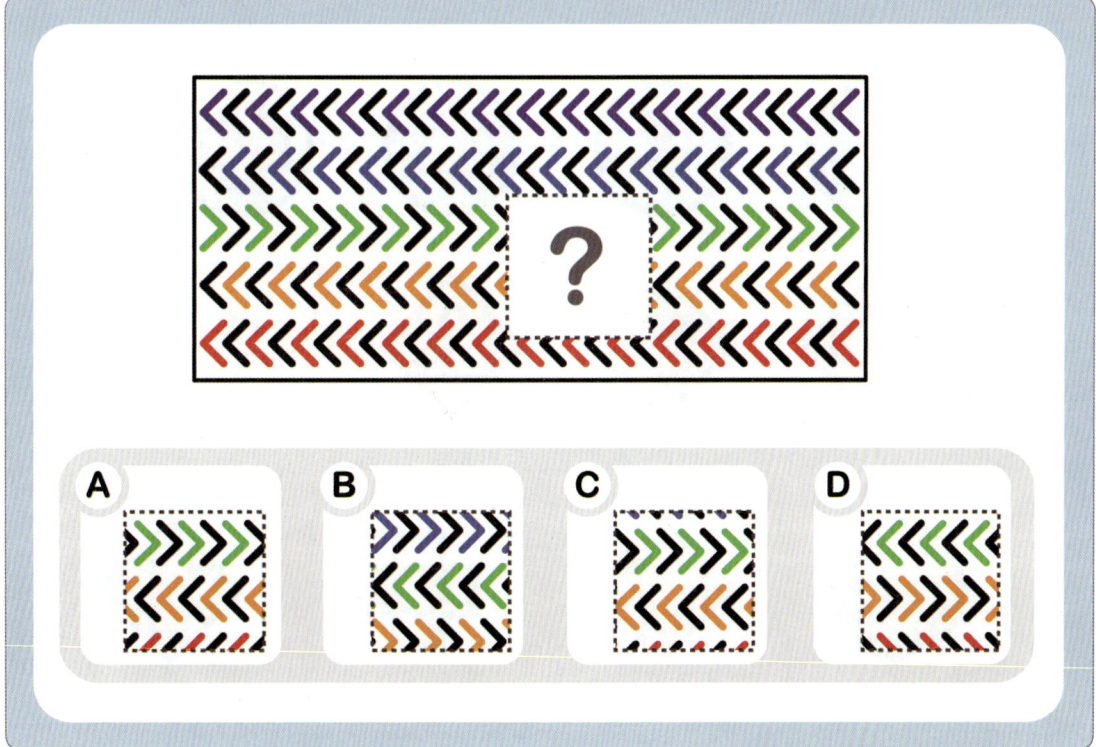

03 아래 이미지의 도형들을 관찰한 후 물음표(?)에 들어갈 도형을 찾아보세요.

– 준비물 : 연필

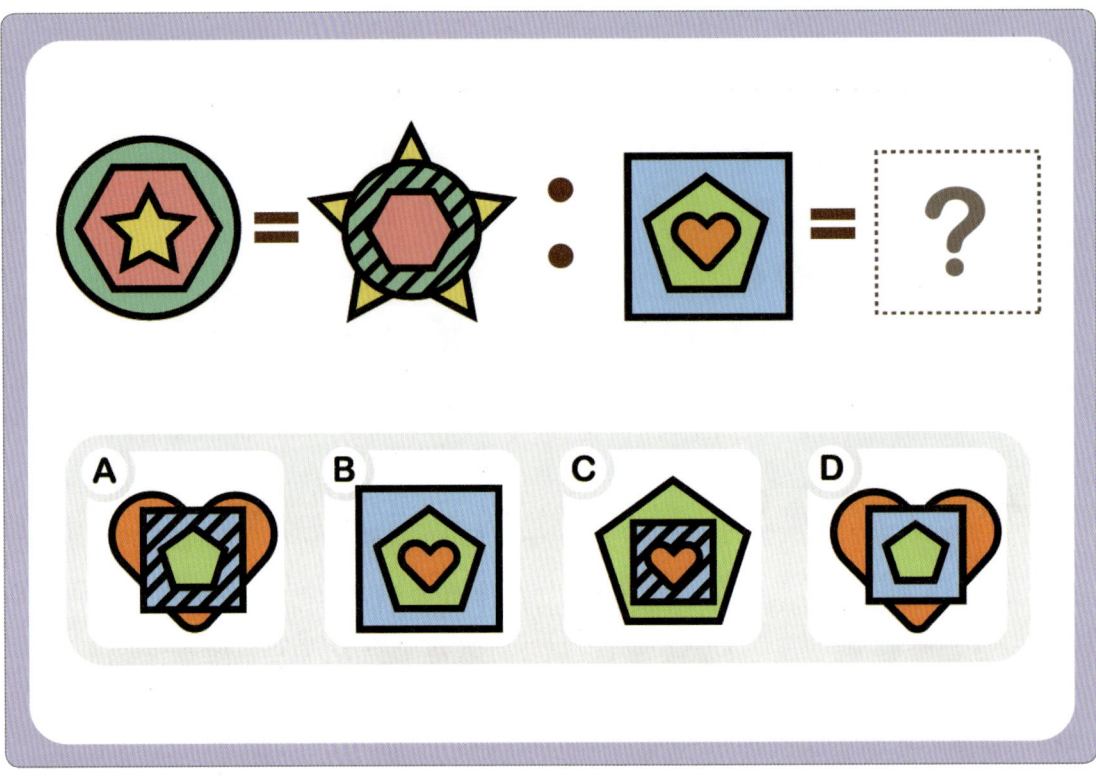

엔트리로 블록 코딩하기

■ 불러올 파일 : 엔트리 5일차.ent   ■ 완성된 파일 : 엔트리 5일차(완성).ent

01 엔트리 파일 불러오기

① [시작]-[EntryLabs]-[엔트리]를 클릭하여 엔트리를 실행하세요. 엔트리가 실행되면 상단 메뉴에서 아이콘을 클릭한 후, [오프라인 작품 불러오기]를 클릭하세요.

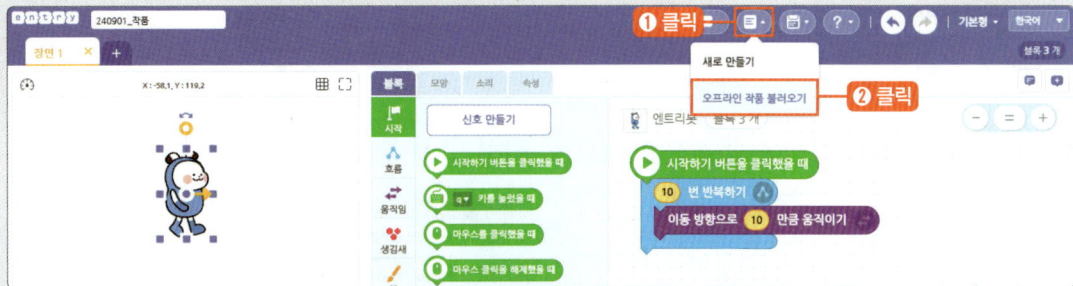

② [열기] 대화상자가 나오면 [불러올 파일]-[CHAPTER 05]-'엔트리 5일차' 파일을 선택한 다음 <열기> 단추를 클릭하세요.

02 키보드로 엔트리봇 움직이기

① 엔트리봇 오브젝트가 선택된 상태에서 [흐름]을 클릭하여 [계속 반복하기] 블록을 다음과 같이 연결하세요.

② [흐름]에서 [만일 '참' (이)라면]을 블록을 [계속 반복하기] 안쪽에 연결하세요.

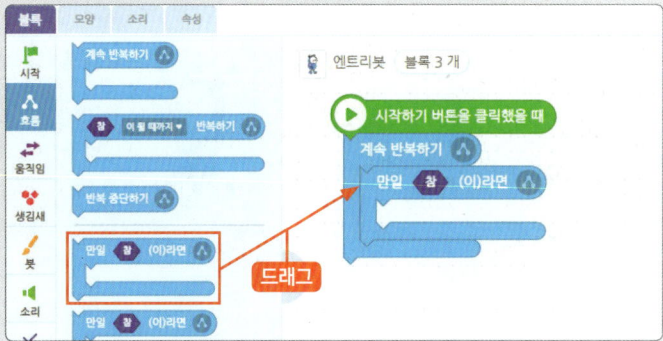

CHAPTER 05 어린이 코딩 5일차 033

❸ 을 클릭하여 ['q' 키가 눌러져 있는가] 블록을 조건 블록인 육각형 모양 안쪽에 연결하세요. 이어서, 키는 '오른쪽 화살표'를 선택하세요.

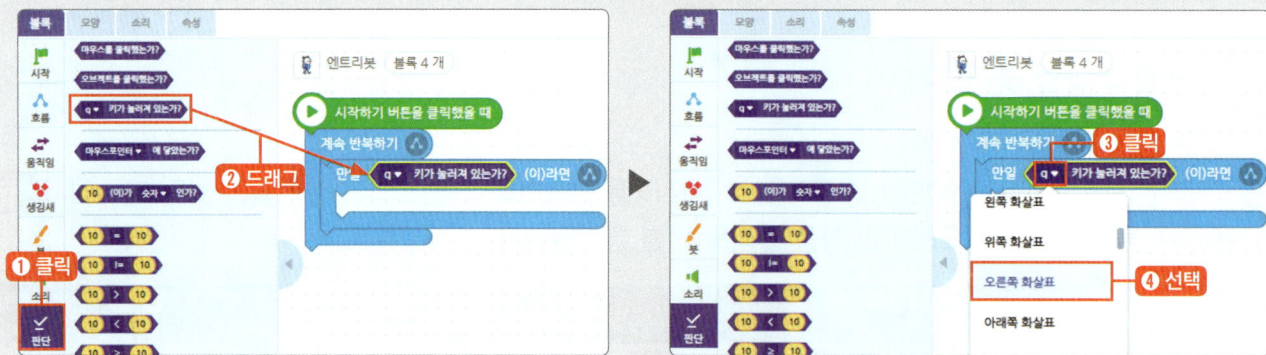

❹ 을 클릭하여 [이동 방향을 '90' (으)로 정하기] 블록을 다음과 같이 연결하세요.

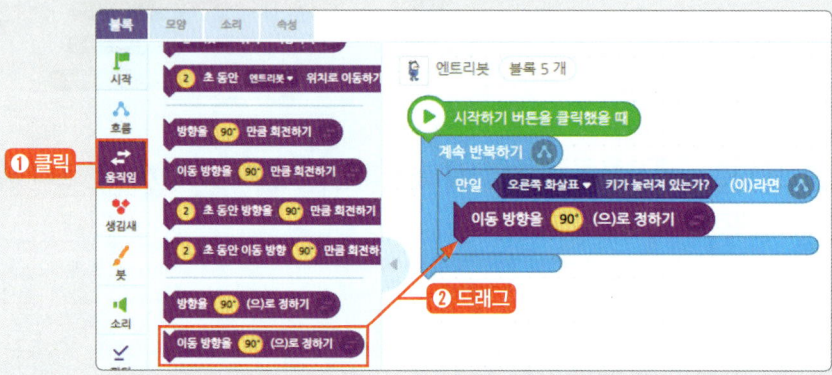

❺ [x 좌표를 '10' 만큼 바꾸기] 블록을 다음과 같이 연결하세요.

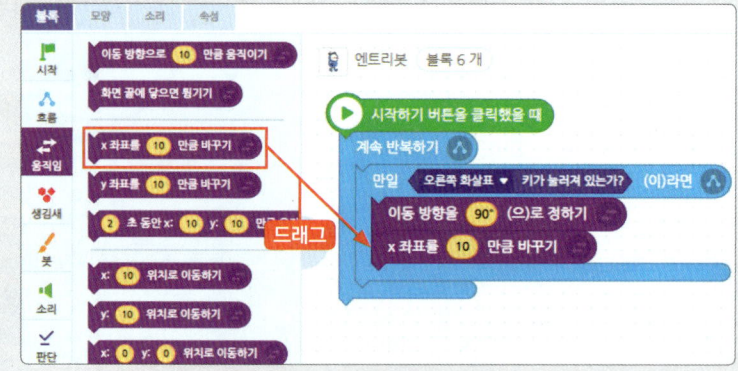

이동 방향 90°	이동 방향 270°(-90°)
엔트리봇이 오른쪽을 바라봅니다.	엔트리봇이 왼쪽을 바라봅니다.

034 · 손으로 배우는 코딩(언플러그드+엔트리)

❻ 완성된 조건 블록에 마우스 오른쪽 단추를 눌러 [코드 복사 & 붙여넣기]를 클릭하세요. 이어서, 복사된 블록 코드를 다음과 같이 연결하세요.

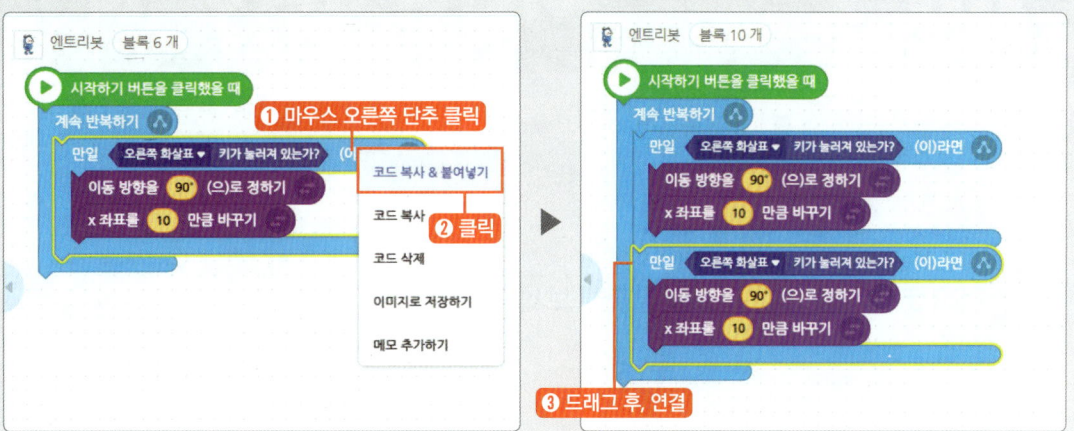

❼ 복사된 블록 코드를 다음과 같이 수정하세요.
※ 키(왼쪽 화살표), 이동 방향(270), x 좌표(-10)

❽ ▶시작하기 를 클릭한 다음 [엔트리 봇] 오브젝트를 왼쪽 또는 오른쪽으로 움직여 보세요.

CHAPTER 06 어린이 코딩 6일차

손으로 배우는 어린이 코딩

01 QR 코드처럼 생긴 미로를 탈출해 보세요.

- 준비물 : 연필

코딩 쏙쏙!

QR코드는 하얀색과 검정색으로 만들어진 체크무늬 패턴으로 정보를 나타내며, 크기가 작아도 많은 숫자와 글자를 저장할 수 있기 때문에 한국, 영국, 미국 등에서 많이 사용하고 있어요. QR코드의 정보를 읽을 때는 스마트폰에서 앱을 실행시킨 후 카메라로 찍으면 해당 QR코드에 저장된 정보를 확인할 수 있어요. 이처럼 우리 생활 속에는 컴퓨터가 아주 밀접하게 연결되어 있기 때문에 컴퓨터 공부도 열심히 해야 한답니다.^^

02 아래 2개의 이미지를 비교하여 틀린 그림 8개를 찾아보세요.

– 준비물 : 연필

03 빨강별, 초록별, 노랑별, 파랑별에 표시된 숫자들의 더한 값을 적고, 그 중에서 가장 큰 수를 가진 별은 무슨 색상별일까요?

– 준비물 : 연필

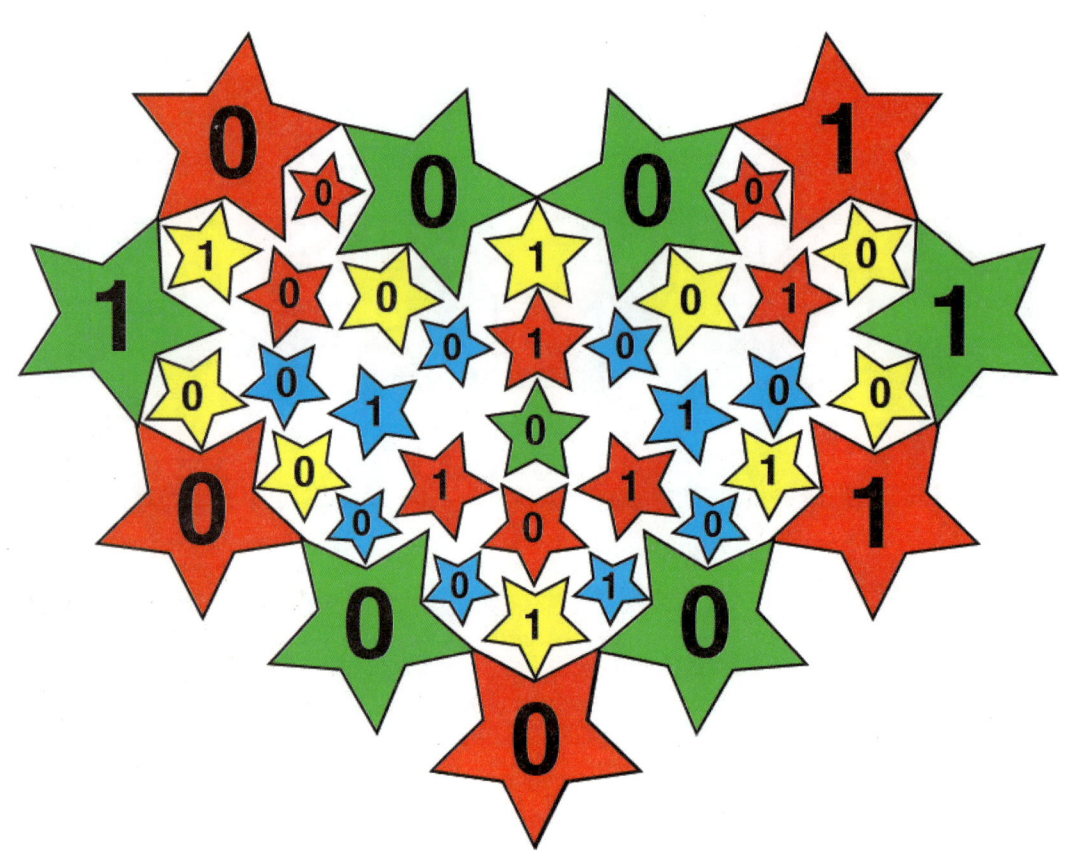

별의 합계는?

엔트리로 블록 코딩하기

📁 불러올 파일 : 엔트리 6일차.ent   📗 완성된 파일 : 엔트리 6일차(완성).ent

01 엔트리 파일 불러오기

❶ [시작]-[EntryLabs]-[엔트리]를 클릭하여 엔트리를 실행하세요. 엔트리가 실행되면 상단 메뉴에서 아이콘을 클릭한 후, [오프라인 작품 불러오기]를 클릭하세요.

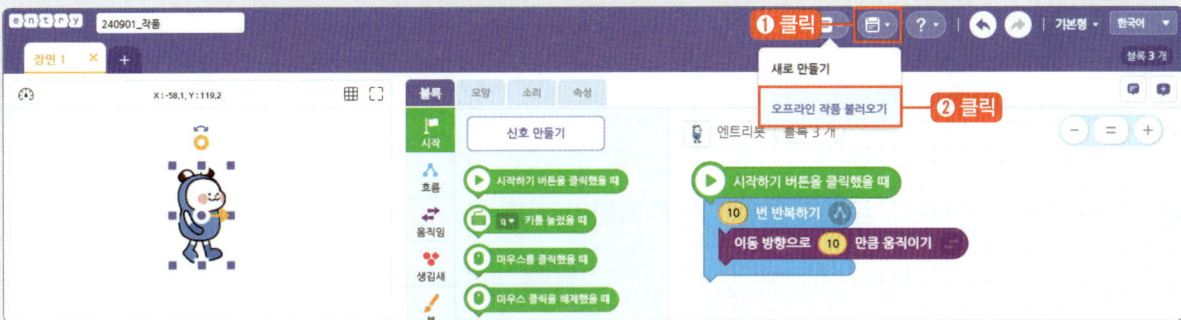

❷ [열기] 대화상자가 나오면 [불러올 파일]-[CHAPTER 06]-'엔트리 6일차' 파일을 선택한 다음 <열기> 단추를 클릭하세요.

02 엔트리봇 움직이기

❶ 엔트리봇 오브젝트가 선택된 상태에서 [흐름]을 클릭하여 ['10' 번 반복하기]를 블록 조립소로 드래그한 다음 연결하세요.

❷ 엔트리봇을 이동하기 위해서 [움직임]을 클릭하여 [이동 방향으로 '10' 만큼 움직이기]를 ['10' 번 반복하기] 안쪽에 연결하세요.

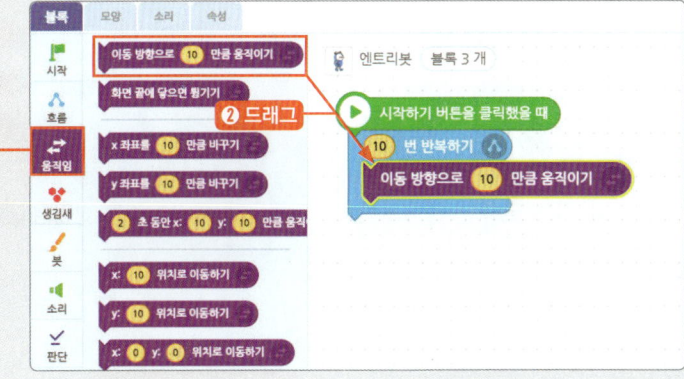

❸ 조립된 블록 코드를 다음과 같이 수정하세요.
   ※ 반복하기(20), 이동 방향(3)

03 로봇1과 대화하기

❶ 블록 꾸러미에서 [호름]을 클릭하여 ['2' 초 기다리기]를 블록 조립소로 드래그한 다음 연결하세요.

❷ 엔트리봇이 로봇1과 대화하기 위해서 [생김새]를 클릭하여 ['안녕'을 '4'초 동안 말하기]를 다음과 같이 연결하세요. 이어서, 입력란에 들어갈 내용을 입력해 보세요.
   ※ '2'초 기다리기 , '안녕하세요'를 '1'초 동안 말하기

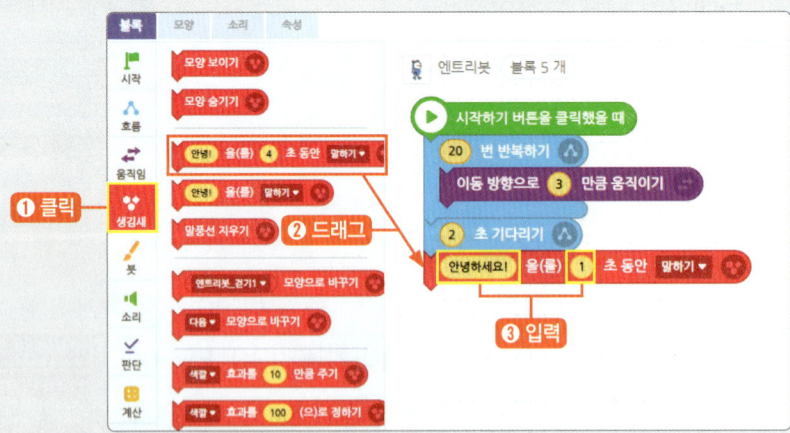

TIP
[~초 동안 말하기] 블록과 [~초 기다리기] 블록의 시간을 넣어서 대화를 자연스럽게 주고받는 속도를 조절합니다.

❸ 완성된 블록에 마우스 오른쪽 단추를 눌러 [코드 복사 & 붙여넣기]를 클릭하세요. 이어서, 복사된 블록 코드를 다음과 같이 연결하세요.

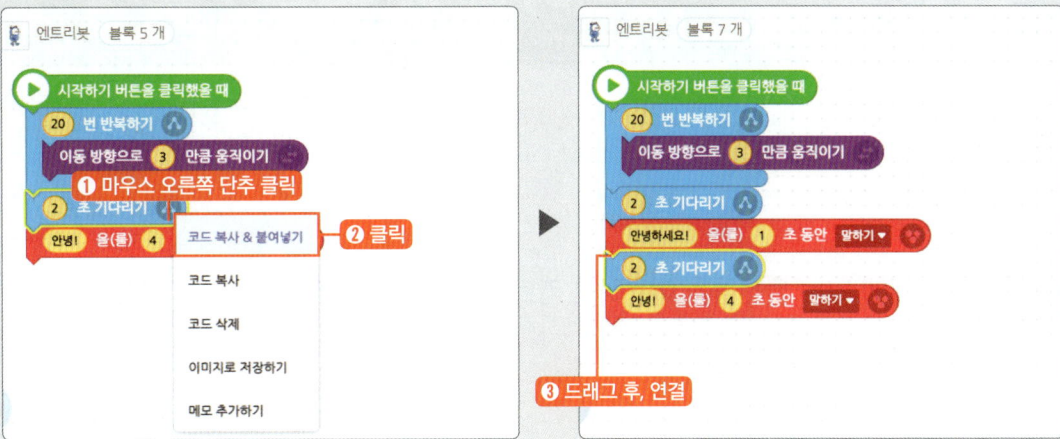

❹ 복사된 블록 코드를 다음과 같이 수정하세요.
 ※ '3' 초 기다리기, 건강검진을 받으러 왔습니다. '2' 초 동안 말하기

❺ ▶시작하기 를 클릭한 다음 [로봇1] 오브젝트와 [엔트리봇] 오브젝트가 자연스럽게 대화하는지 확인해 보세요.

CHAPTER 07 어린이 코딩 7일차

손으로 배우는 어린이 코딩

01 진열대에 있는 물건들을 이용하여 카트를 채워보세요.

— 준비물 : 연필

'카트를 채워라' 미션 수행!!

① 엄마가 주신 15,000원으로 야채만 5,000원어치 구매해 보세요.
   구매 목록 적기 :

② 야채를 사고 남은 돈에서 3,800원이 남도록 물건을 구매해 보세요.
   (단, 야채는 더 이상 구매하지 않습니다.)
   구매 목록 적기 :

02 아래 이미지를 참고하여 도형(▲, ●, ■, ◼)의 개수를 맞춰본 후 전체 도형의 개수를 적어 보세요.

– 준비물 : 연필

03 아래 이미지를 참고하여 도형(정육면체)의 개수를 맞춰보세요.

— 준비물 : 연필

※ 힌트 : 2단으로 쌓여 있는 블록과 빈 블록을 꼭 확인하세요.

A 6   B 8   C 7   D 9

A 10   B 11   C 9   D 8

엔트리로 블록 코딩하기

■ 불러올 파일 : 엔트리 7일차.ent ■ 완성된 파일 : 엔트리 7일차(완성).ent

01 ▶ 엔트리 파일 불러오기

❶ [시작]-[EntryLabs]-[엔트리]를 클릭하여 엔트리를 실행하세요. 엔트리가 실행되면 상단 메뉴에서 아이콘을 클릭한 후, [오프라인 작품 불러오기]를 클릭하세요.

❷ [열기] 대화상자가 나오면 [불러올 파일]-[CHAPTER 07]-'엔트리 7일차' 파일을 선택한 다음 <열기> 단추를 클릭하세요.

02 ▶ 마우스로 별 모양 찍기

❶ [[묶음] 별] 오브젝트가 선택된 상태에서 [호름]을 클릭하여 [계속 반복하기]를 블록 조립소로 드래그한 다음 연결하세요.

❷ [[묶음] 별]이 마우스 포인터에 따라 움직이기 위해서 [움직임]을 클릭하여 ['[묶음] 별' 위치로 이동하기] 블록 코드를 [계속 반복하기] 안쪽에 연결하세요. 이어서, [마우스포인터]를 선택하세요.

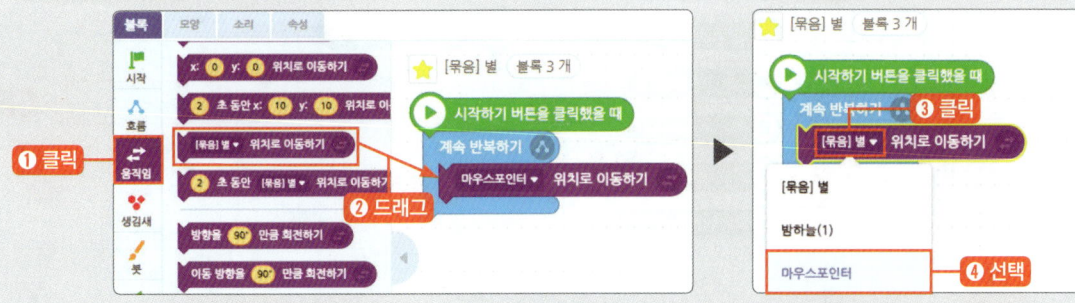

❸ 을 클릭하여 [마우스를 클릭했을 때]를 블록 조립소로 드래그하세요.

❹ 을 클릭하여 [도장찍기]를 다음과 같이 연결하세요.

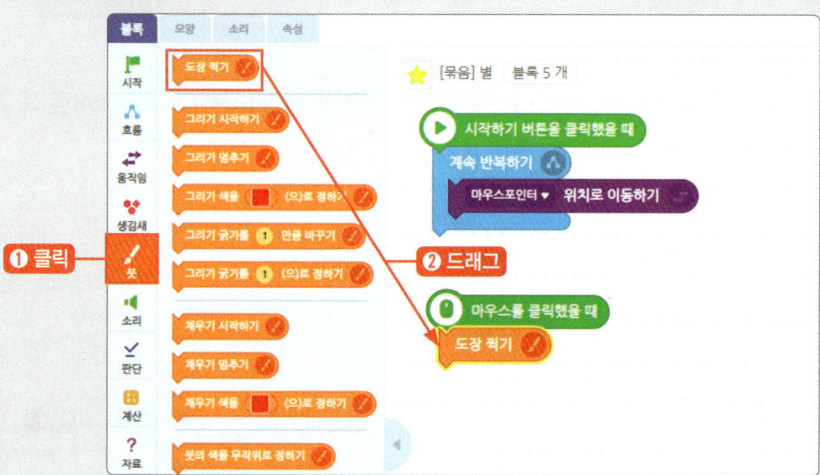

03 [묶음] 별 모양과 크기 바꾸기

❶ 왼쪽 화살표를 눌렀을 때 별의 모양을 변경하기 위해 을 클릭하여 ['q' 키를 눌렀을 때]를 블록 조립소로 드래그하세요. 이어서, 키는 '왼쪽 화살표'를 선택하세요.

❷ 별의 모양을 이전으로 바꾸기 위해서 [생김새]를 클릭하여 ['다음' 모양으로 바꾸기]를 연결하세요. 이어서, '다음'을 클릭한 다음 '이전'으로 수정해 주세요.

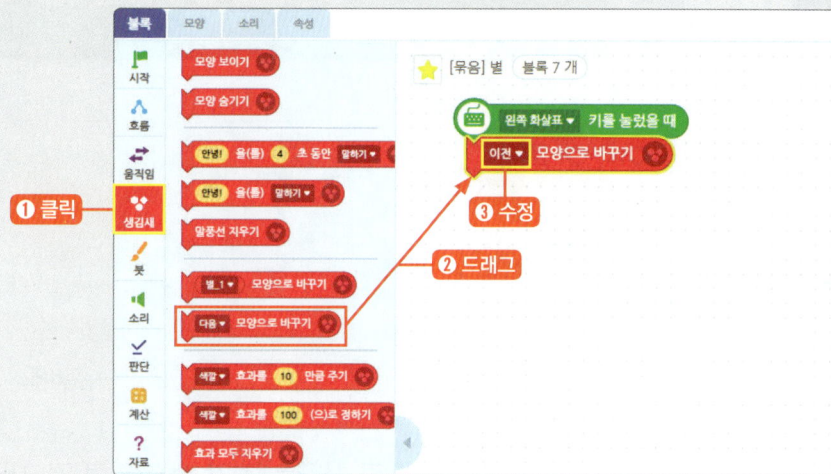

❸ 오른쪽 화살표를 눌렀을 때 별의 모양을 다음으로 바꾸기 위해서 완성된 블록에 마우스 오른쪽 단추를 눌러 [코드 복사 & 붙여넣기]를 클릭하고 다음과 같이 수정하세요.

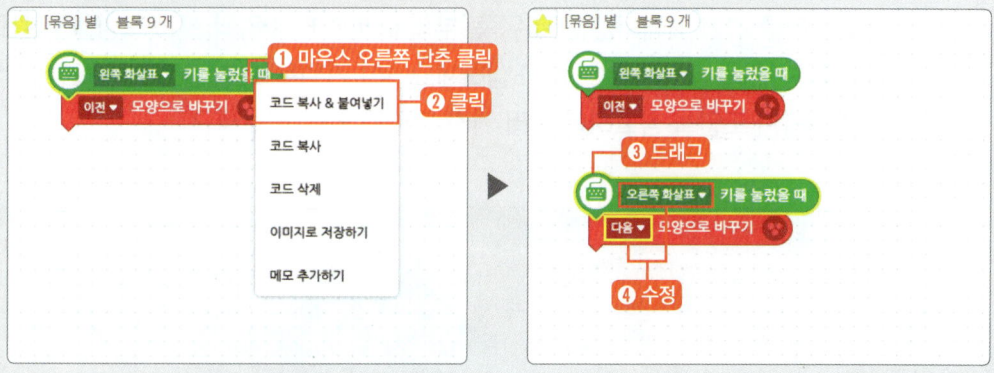

❹ 같은 방법으로 블록 코드를 복사한 다음 '위쪽 화살표'와 '아래쪽 화살표'로 수정하세요. 이어서, 위쪽, 아래쪽 화살표를 눌렀을 때 별의 크기를 크게/작게 변경하기 위해서 다음과 같이 수정해 주세요.

※ '위쪽 화살표' 키를 눌렀을 때 크기를 '10' 만큼 바꾸기
　'아래쪽 화살표' 키를 눌렀을 때 크기를 '-10' 만큼 바꾸기

❺ [▶시작하기]를 클릭한 다음 밤하늘에 크기와 모양이 다른 여러 종류의 별을 넣을 수 있는지 확인해 보세요.

CHAPTER 08 어린이 코딩 8일차

01 칠교 놀이

- 준비물 : 가위   - 인원 : 2명~4명 또는 혼자

칠교 놀이는 동양의 퍼즐 놀이 중 하나로 '직각 삼각형 큰 것 2개, 중간 것 1개, 작은 것 2개, 정사각형 1개, 평행 사변형 1개'로 구성되어 있으며, 해당 조각들을 하나씩 연결하여 여러 가지 모양을 만드는 놀이에요. 칠교 놀이는 특정 모양을 혼자서도 만들 수 있으며, 여러 명이 함께 누가 더 빨리 만드는지 시합을 할 수도 있어요.

칠교 놀이를 하기 위해서는 먼저 뒤쪽 [부록 CHAPTER 08]의 칠교 모양을 가위로 오리세요. (가위로 오릴 때는 손을 다치지 않도록 조심하세요.^^) 가위로 오려낸 7개의 조각을 바닥에 펼친 후 교재에서 제시된 도안을 참고하여 여러 가지 모양을 만들어 보세요

칠교 조각으로 로켓, 망치, 고래, 사람, 앵무새, 고양이 등을 만들어 보세요.

02 화살표 방향에서 도형을 보았을 때 어떤 모양으로 보이는지 맞춰보세요.

– 준비물 : 연필

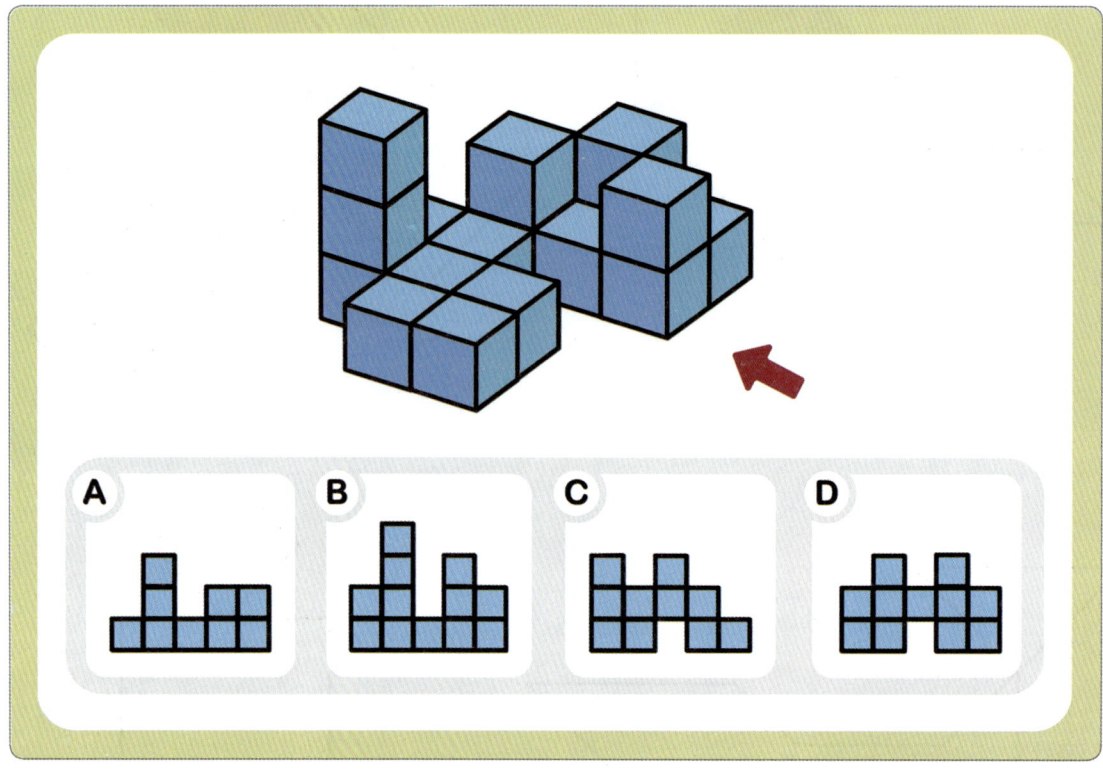

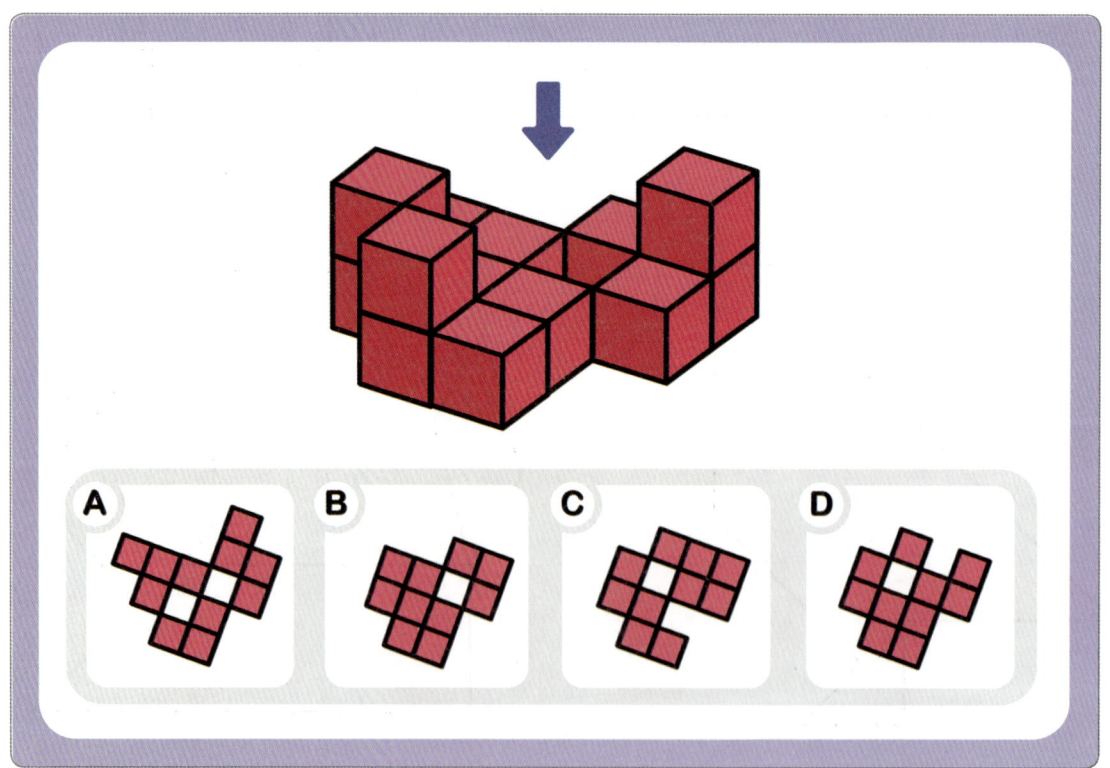

엔트리로 블록 코딩하기

■ 불러올 파일 : 엔트리 8일차.ent   ■ 완성된 파일 : 엔트리 8일차(완성).ent

01 엔트리 파일 불러오기

❶ [시작]-[EntryLabs]-[엔트리]를 클릭하여 엔트리를 실행하세요. 엔트리가 실행되면 상단 메뉴에서 아이콘을 클릭한 후, [오프라인 작품 불러오기]를 클릭하세요.

❷ [열기] 대화상자가 나오면 [불러올 파일]-[CHAPTER 08]-'엔트리 8일차' 파일을 선택한 다음 <열기> 단추를 클릭하세요.

02 연필 중심점 옮겨서 마우스 움직임과 같게 하기

❶ 실제 연필을 사용하는 것처럼 표현하기 위해서 [연필(1)] 오브젝트를 선택한 후, 정중앙 중심점을 드래그하여 [연필(1)] 오브젝트의 왼쪽 아래 흑심 끝으로 이동시키세요.

❷ [연필(1)] 오브젝트가 선택된 상태에서 흐름을 클릭하여 [계속 반복하기]를 블록 조립소로 드래그한 다음 연결하세요.

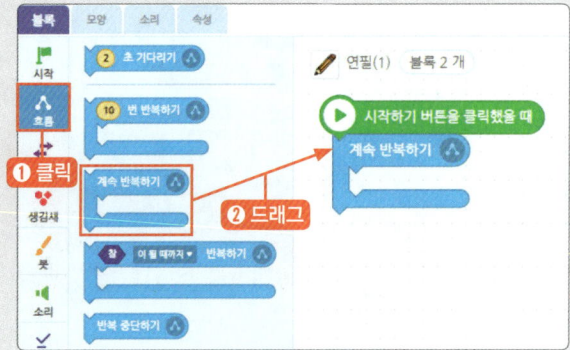

❸ 연필을 마우스 포인터에 따라 움직이기 위해서 [움직임]을 클릭하여 ['연필(1)' 위치로 이동하기]를 [계속 반복하기] 안쪽에 연결하세요. 이어서, '마우스포인터'를 선택하세요.

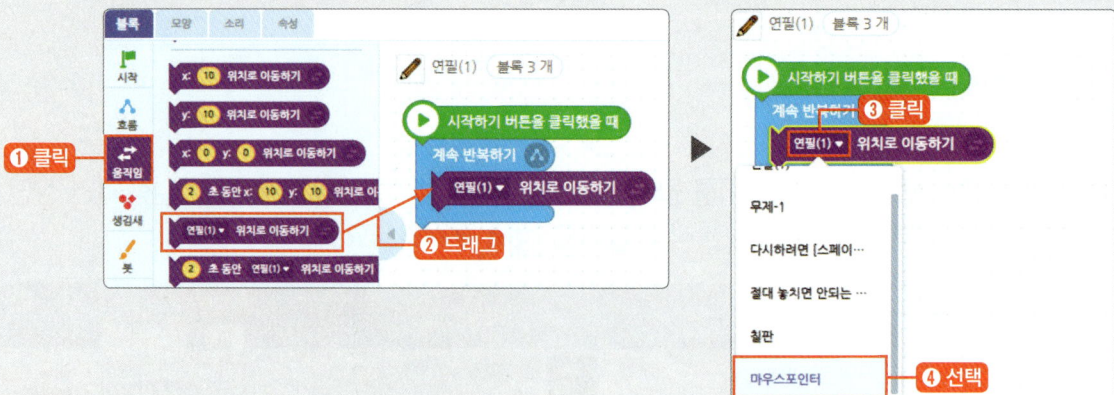

03 연필로 한붓그리기 놀이 하기

❶ 마우스를 클릭했을 때 그리기 동작을 시작하기 위해 [시작]을 클릭하여 [마우스를 클릭했을 때]를 블록 조립소로 드래그하세요. 이어서, [붓]을 클릭하여 [그리기 시작하기]를 다음과 같이 연결하세요.

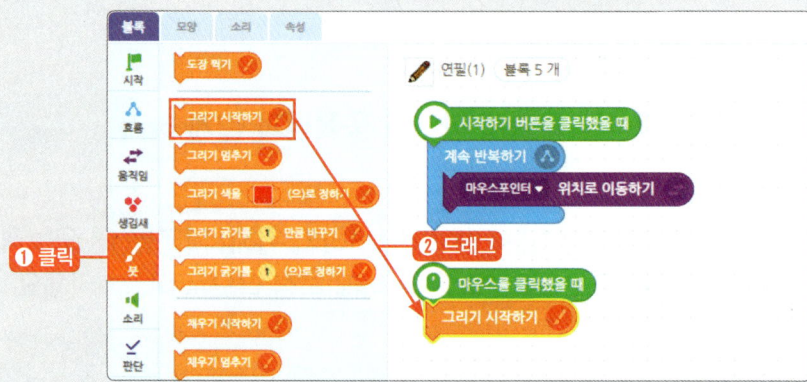

❷ 그리기 색상과 굵기를 변경하기 위해 [붓]을 클릭하여 [그리기 색을 (■)(으)로 정하기]와 [그리기 굵기를 '1' (으)로 정하기]를 [그리기 시작하기] 블록 아래쪽에 연결하세요. 이어서, 입력란에 들어갈 내용을 다음과 같이 수정해 보세요.

※ 색을 노랑색, 굵기 '5'로 정하기

❸ 그리기 멈추는 동작을 위해 [시작]을 클릭하여 [마우스 클릭을 해제했을 때]를 블록 조립소로 드래그한 후, [붓]을 클릭하여 [그리기 멈추기]를 다음과 같이 연결하세요.

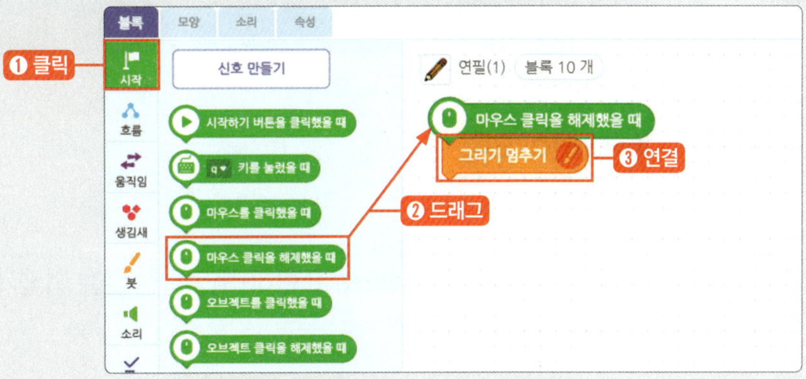

04 잘못 그렸을 때 다시 하기

❶ [시작]을 클릭하여 ['q' 키를 눌렀을 때]를 블록 조립소로 드래그한 후, '스페이스'를 선택하세요. 이어서, [흐름]을 클릭하여 [처음부터 다시 실행하기]를 아래에 연결하세요.

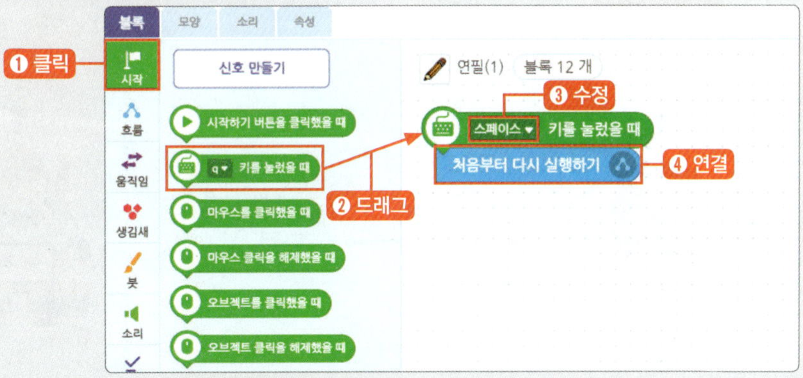

❷ ▶시작하기 를 클릭한 다음 연필로 왼쪽 그림을 한 번에 그릴 수 있는지, 잘못 그렸을 때 지우고 다시 시작할 수 있는지 확인해 보세요.

CHAPTER 09 어린이 코딩 9일차

손으로 배우는 어린이 코딩

01 라면끓여 먹는 방법을 순서도로 표현하려면 말풍선을 어떻게 연결해야 할까요? 순서도는 위에서 아래로 실행되니까 참고하세요.^^

– 준비물 : 연필

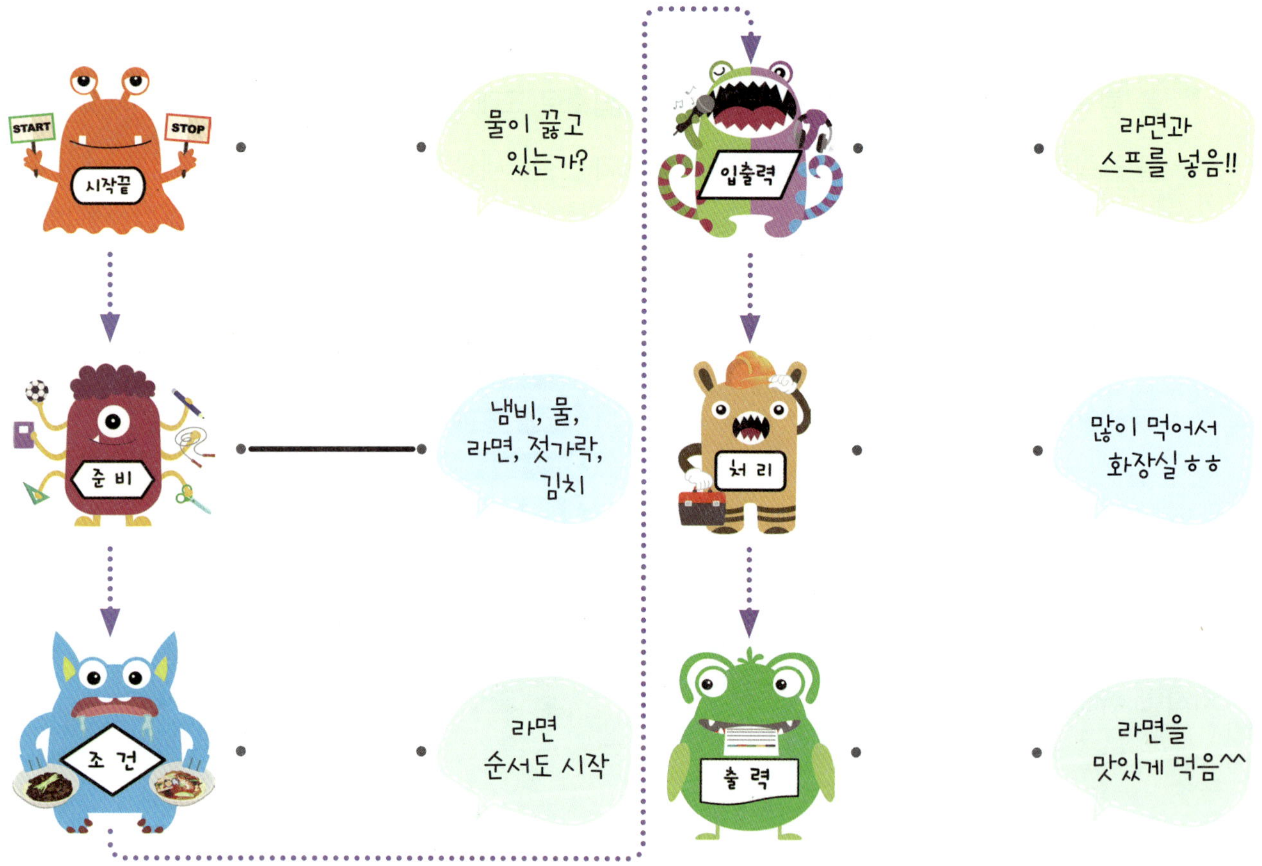

코딩 쏙쏙!

순서도(플로차트)는 컴퓨터로 어떤 일을 처리하는 과정을 여러 가지 기호(◇, ▱, □ 등)와 화살표(→)를 이용하여 표현한 그림이에요. 순서도를 잘 작성하면 알고리즘(어떠한 문제를 해결하기 위해 정해진 일련의 절차나 방법)을 쉽게 파악할 수 있어요.

02 순서도 기호에 맞는 단어를 연결해 보세요. 이어서, 순서도(단어) 내용에 맞는 말풍선을 찾아서 연결해 보세요.

– 준비물 : 연필

 •   • 준 비 •   • 순서도 작성의 시작과 끝을 표시해요.

 •   • 처 리 •   • 덧셈에 필요한 숫자 2개를 입력해요.

 •   • 입출력 •   • 덧셈에 필요한 숫자들을 미리 준비해요.

 •   • 출 력 •   • 덧셈의 결과가 맞으면 프린터로 출력해요.

 •   • 조 건 •   • 1+1을 계산해요.

 •   • 시작끝 •   • 1+1의 결과가 2인지 판단해요.

03 순서도 캐릭터가 자신에게 맞는 이름표를 찾으려면 어디로 이동을 해야 할까요?

– 준비물 : 연필

엔트리로 블록 코딩하기

■ 불러올 파일 : 엔트리 9일차.ent   ■ 완성된 파일 : 엔트리 9일차(완성).ent

01 엔트리 파일 불러오기

❶ [시작]-[EntryLabs]-[엔트리]를 클릭하여 엔트리를 실행하세요. 엔트리가 실행되면 상단 메뉴에서 아이콘을 클릭한 후, [오프라인 작품 불러오기]를 클릭하세요.

❷ [열기] 대화상자가 나오면 [불러올 파일]-[CHAPTER 09]-'엔트리 9일차' 파일을 선택한 다음 <열기> 단추를 클릭하세요.

02 오브젝트 불러오기

❶ <오브젝트 추가하기> 단추를 클릭하세요.

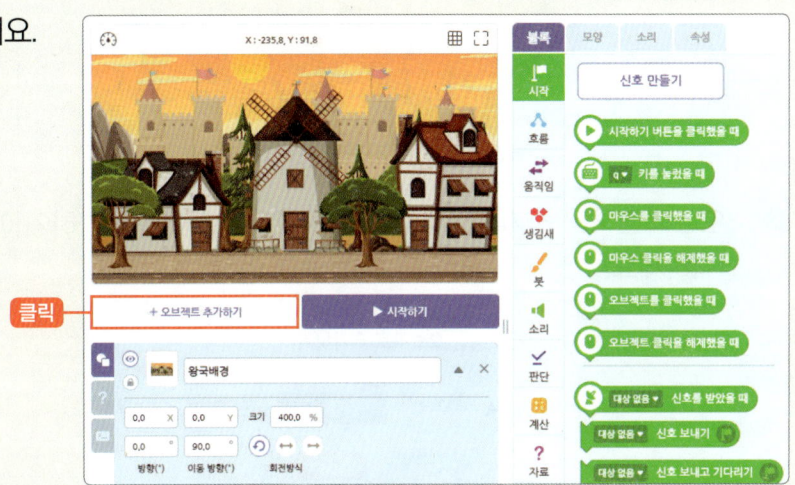

❷ [오브젝트 추가하기]에서 검색창에 '노란새'를 입력한 다음 🔍을 클릭하세요. 이어서, 검색된 '노란새'를 선택하고 <추가하기> 단추를 클릭하세요.

CHAPTER 09 어린이 코딩 9일차 057

❸ 추가된 [노란새] 오브젝트의 크기에 '50'을 입력하고 Enter 키를 누르고 다음과 같이 배치해 보세요.

❹ 같은 방법으로 [말] 오브젝트를 불러온 다음 크기와 위치를 다음과 같이 배치해 보세요.

※ [말] 오브젝트의 크기(50)

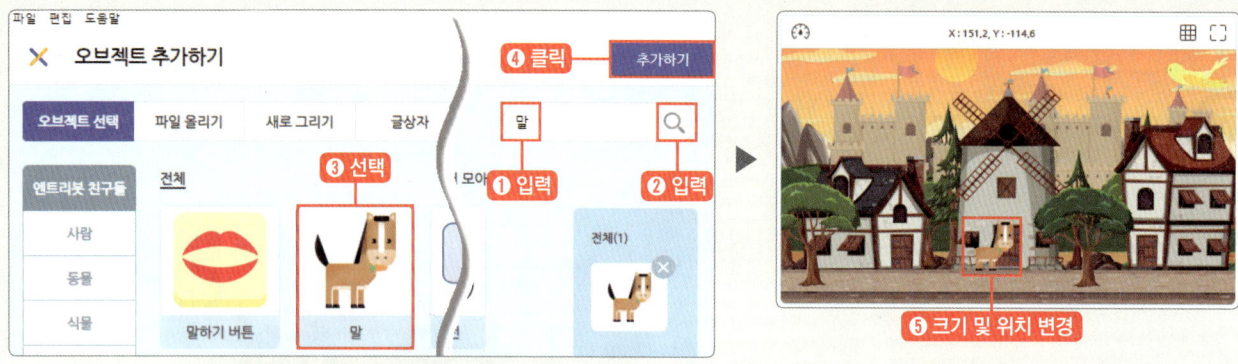

❺ <오브젝트 추가하기> 단추를 클릭하고 [오브젝트 추가하기]에서 [파일 올리기]를 클릭한 다음 를 클릭하세요.

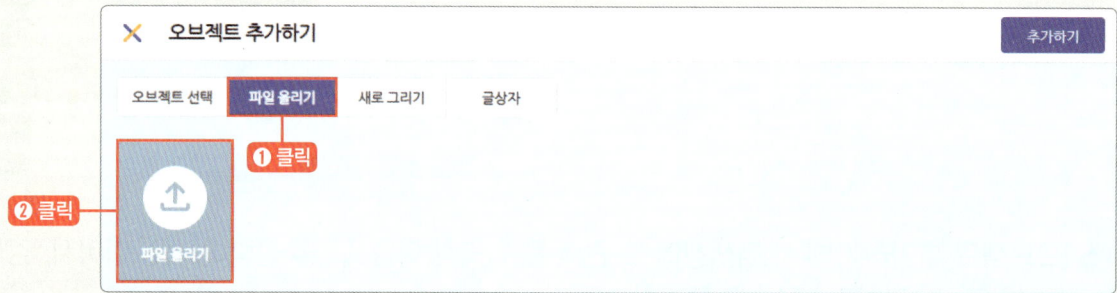

❻ [열기] 대화상자가 나오면 [불러올 파일]-[CHAPTER 09] 폴더의 '공주', '왕', '왕비', '왕자' 파일을 Ctrl 키를 누르면서 마우스로 선택하고 <열기> 단추를 클릭하세요.

❼ [오브젝트 추가하기]에 오브젝트가 생긴 것을 확인하고 <추가하기> 단추를 클릭하세요.

❽ 오브젝트 목록 창의 [공주] 오브젝트의 크기를 '70'으로 변경하고 다음과 같이 배치해 보세요. 이어서, 나머지 오브젝트의 크기를 변경한 다음 배치해 보세요.
※ '왕', '왕비', '왕자' 오브젝트의 크기(70)

❾ [공주] 오브젝트에 🏁 을 클릭하여 [오브젝트를 클릭했을 때]를 블록 조립소로 드래그합니다.

❿ 🎭 를 클릭하여 ['안녕'을(를) '4'초 동안 말하기]를 다음과 같이 연결하세요. 이어서, 입력란에 들어갈 내용을 입력해 보세요.
※ '나는 이쁜 공주에요!'를 '2' 초 동안 말하기

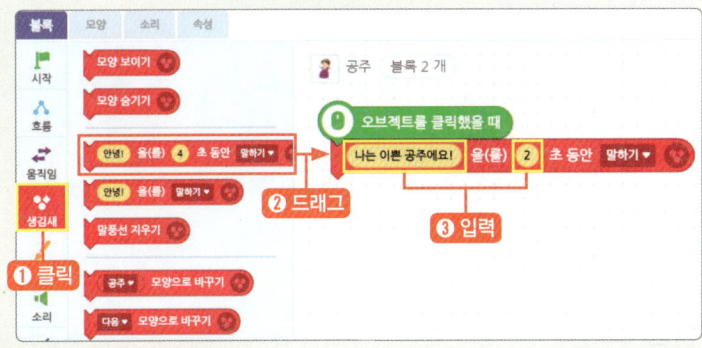

⓫ ▶시작하기 를 클릭한 다음 [공주] 오브젝트를 클릭하면 말하기를 확인한 다음 본인 이름의 폴더에 저장해 보세요.

CHAPTER 10 어린이 코딩 10일차

01 X-Y 좌표 땅따먹기 보드 게임

- 준비물 : 주사위 2개, 가위, 풀, 연필, 지우개   - 인원 : 2명

X-Y 좌표를 이용한 땅따먹기 보드 게임은 양수(+)와 음수(-)를 구분할 수 있는 주사위 1개와 1~6까지 랜덤(무작위)으로 숫자가 나오는 주사위 1개가 필요해요. 좌표 값을 이용한 땅따먹기 게임은 2명이 함께 할 수 있는 보드 게임으로 어렵고 헷갈리기만 했던 X-Y 좌표 값에 대한 개념을 쉽고 재미있게 배울 수 있어요.

땅따먹기 보드 게임을 하기 위해서는 먼저 뒤쪽 [부록 CHAPTER 10]의 주사위 모양을 가위로 오리세요. (가위로 오릴 때는 손을 다치지 않도록 조심하세요.^^) 가위로 오려낸 주사위 모양은 풀을 이용하여 붙여보세요.

코딩 쏙쏙!

음수를 이용한 X-Y 좌표 값은 스크래치 주니어 다음 과정으로 배우게 될 '엔트리' 또는 '스크래치3.0'에서 사용하는 좌표 개념이에요. 스크래치 주니어는 음수 값 없이 양수 값으로만 X-Y 좌표를 이동하기 때문에 조금 쉬웠을 거라 생각해요. 음수와 양수를 이용한 X-Y 좌표 값은 가운데 0을 기준으로 왼쪽과 아래 쪽은 음수 값으로 이동하며, 오른쪽과 위쪽은 양수 값으로 이동해요.

게임 방법

1. 주사위 2개를 동시에 던져서 X 좌표(가로) 값을 확인하세요.(예 : – / 3)
2. 주사위 2개를 다시 던져서 Y 좌표(세로) 값을 확인하세요.(예 : + / 4)
   ※ 주사위를 던졌을 때 양수-음수 주사위 값이 '꽝'으로 나오면 다음 사람에게 순서가 넘어가요.
3. X와 Y 좌표 값을 합친(X : –3, Y : 4) 좌표 값 위치에 본인의 이름을 연필로 적어 내 땅을 표시 하세요.
4. 주사위를 던져 내가 뽑은 X-Y 좌표값 위치가 이미 상대방의 땅이라면 여러 가지 게임 룰을 만들어서 진행할 수 있어요.
   - 룰1(전투게임) : 가위, 바위, 보 또는 주사위로 상대방 땅을 뺏을 수 있음
   - 룰2(보상게임) : 땅 주인이 시키는 일을 함
5. 정해진 시간 안에 최대한 많은 땅을 차지하는 사람이 승리하는 게임이에요.

							Y						
							60						
							50						
							40						
							30						
							20						
							10						
X	–60	–50	–40	–30	–20	–10	0	10	20	30	40	50	60
							–10						
							–20						
							–30						
							–40						
							–50						
							–60						

02

① ◆, ★, ♣, ●, ♥ 모양 위치의 x-y 좌표 값을 확인하여 적어보세요.
② x-y 좌표 값을 원하는 색으로 채우세요.

- 준비물 : 연필, 색연필

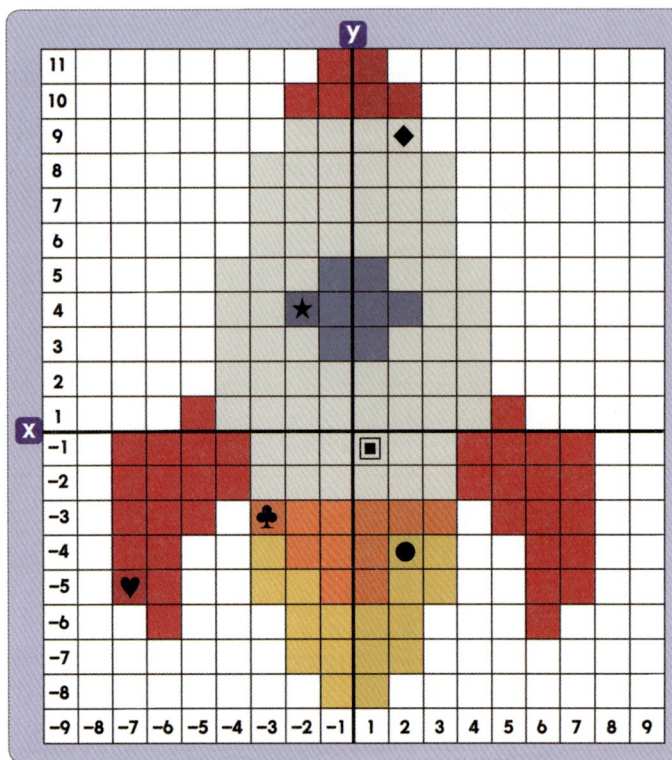

① x-y 좌표 값 적기

▣ x : 1 , y : -1
◆
★
♣
●
♥

② x-y 좌표 색 채우기

x : -7, y : 10　　x : 8, y : 2
x : -5, y : -8　　x : 9, y : 6
x : 4, y : 11　　x : -8, y : 4

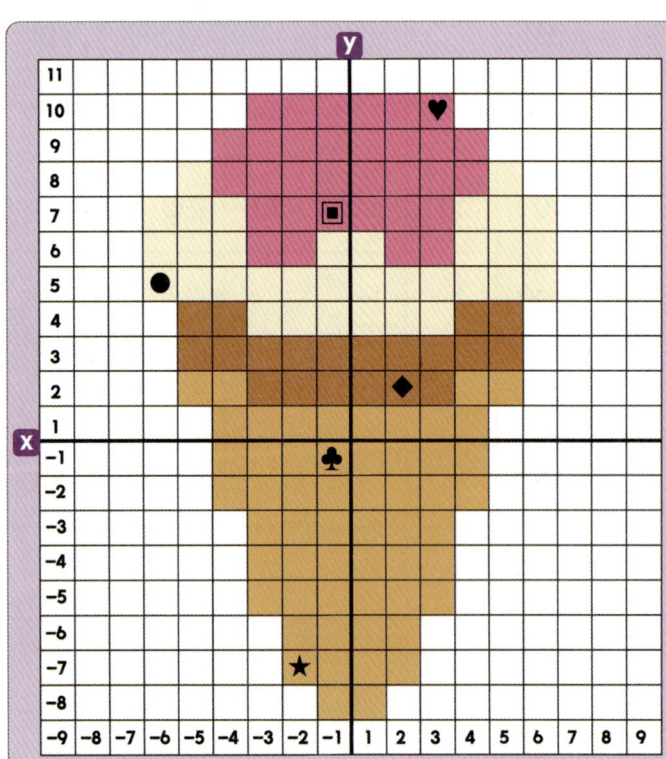

① x-y 좌표 값 적기

▣ x : -1 , y : 7
◆
★
♣
●
♥

② x-y 좌표 색 채우기

x : -7, y : -1　　x : 9, y : -5
x : 5, y : 11　　x : -4, y : -8
x : 7, y : 9　　x : 1, y : 11

엔트리로 블록 코딩하기

■ 불러올 파일 : 엔트리 10일차.ent   ■ 완성된 파일 : 엔트리 10일차(완성).ent

01 장면 추가하고 오브젝트 배치하기

❶ 약국과 과일가게 장면 탭 추가하기 위해 [마을] 탭 오른쪽 를 클릭한 후, 장면 탭이 생성되면 이름을 '약국'과 '과일가게'로 수정하세요.

❷ [약국] 탭과 [과일가게] 탭에 다음과 같이 오브젝트를 추가하여 배치해 보세요.
※ [묶음] 걷는 모습1, 약국.jpg, 과일가게.jpg (약국과 과일은 [불러올 파일]-[CHAPTER 10]에 있어요.)

▲ 약국   ▲ 과일가게

❸ 🚩을 클릭하여 [시작하기 버튼을 클릭했을 때]를 블록 조립소로 드래그한 후, 💬를 클릭하여 ['안녕'을 (를) '4'초 동안 말하기]를 아래쪽에 연결한 다음 말하기를 수정하세요.
※ '오늘은 약국과 과일가게를 구경해야지~'를 '2'초 동안 말하기

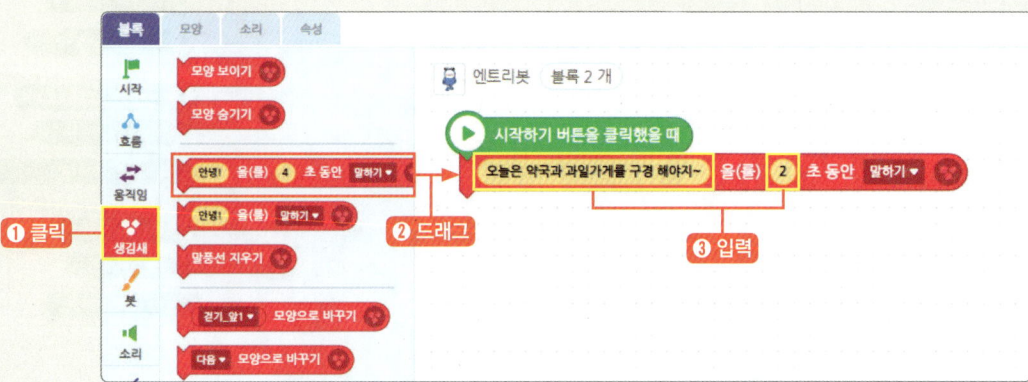

02 약국에 가기

❶ 엔트리봇이 약국까지 걸어가는 동작의 반복을 위해 [호름]을 클릭하여 ['참' 이 될 때까지 반복하기]를 연결하세요.

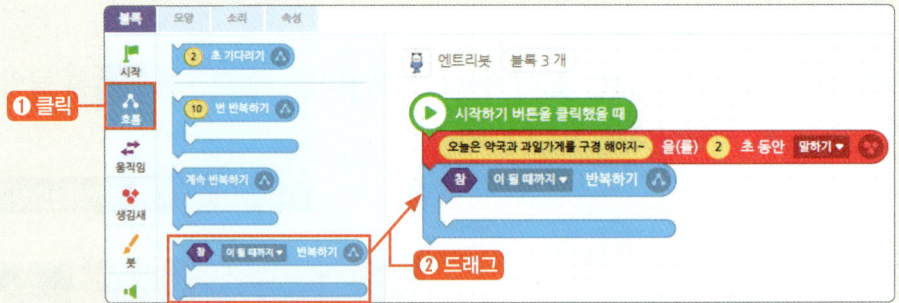

❷ [판단]을 클릭하여 ['마우스포인터' 에 닿았는가?] 블록을 조건 블록인 육각형 모양 안쪽에 연결하세요. 이어서, '약국'을 선택하세요.

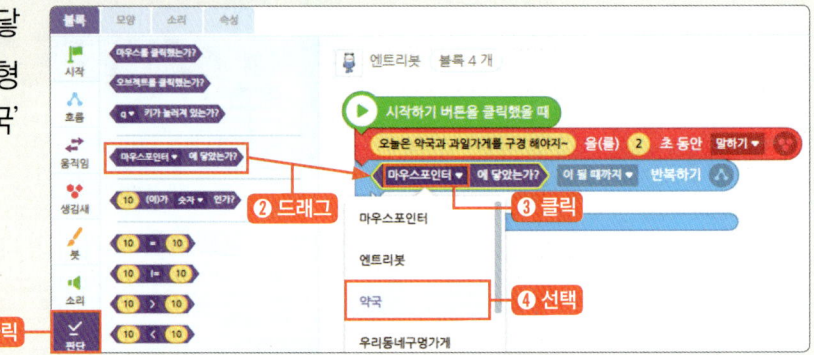

❸ [호름], [움직임], [생김새]에서 다음과 같이 ['약국'에 닿았는가? 이 될 때까지 반복하기] 블록 안쪽에 연결하세요. 이어서, [모양 숨기기] 블록을 아래쪽에 연결하세요.

❹ [약국] 장면으로 넘어가기 위해 [시작]을 클릭하여 ['다음' 장면 시작하기]를 [모양 숨기기] 아래쪽에 연결하세요.

03 약국 구경하고, 과일가게로 넘어가기

① [약국] 장면 탭을 선택하고, 시작을 클릭하여 [장면이 시작되었을 때]를 블록 조립소로 드래그한 후, 생김새에서 ['안녕']을(를) 말하기]를 아래쪽에 연결한 다음 말하기를 수정하세요.

※ '약국 구경 중...' 말하기

② 걸어가면서 약국 구경을 마치고 과일가게로 넘어가기 위해 흐름, 움직임, 생김새에서 다음과 같이 블록을 조립하고 시작을 클릭하여 ['다음' 장면 시작하기]를 아래쪽에 연결하세요.

04 과일가게 구경하고 처음 장면으로 돌아가기

① 과일가게 구경을 하고 처음 장면으로 돌아가기 위해 시작, 흐름, 움직임, 생김새에서 다음과 같이 블록을 조립하세요.

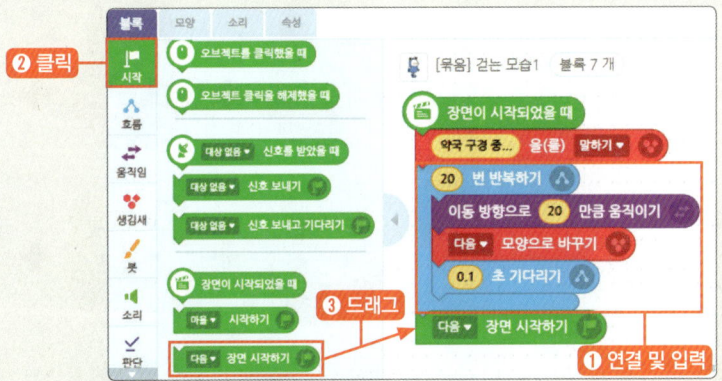

② 마을 탭을 선택하고, ▶시작하기를 클릭한 다음 장면 전환 순서가 맞는지 확인해 보세요.

CHAPTER 11 어린이 코딩 11일차

01 캐릭터들을 이용한 합계 계산의 패턴을 분석하여 물음표(?)에 들어갈 값을 찾아보세요.

– 준비물 : 연필

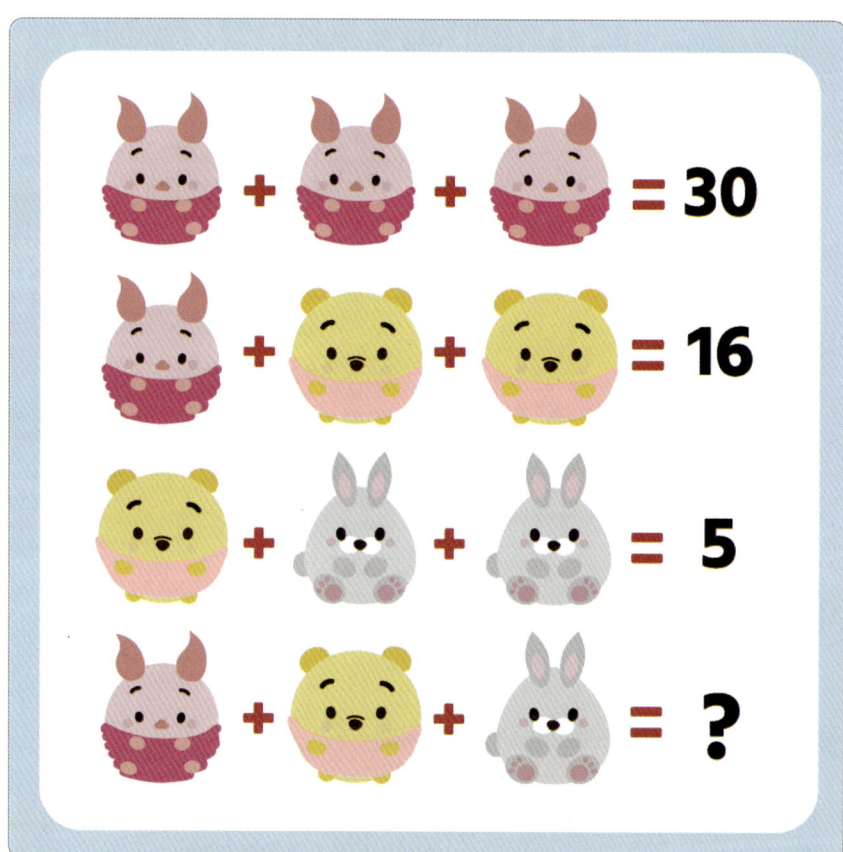

코딩 쏙쏙!

캐릭터 종류별로 합계 계산에 어떤 차이가 있는지 먼저 분석해 보세요. 종류별로 분석이 끝나면 해당 내용을 조합하여 문제를 해결해 보세요. 만약 여러분이 문제에서 원하는 답을 찾았다면 하나의 알고리즘을 파악한 것이에요. 알고리즘은 '어떠한 문제를 해결하기 위해 정해진 일련의 절차나 방법'이라고 앞에서 설명 했었죠? 알고리즘을 어렵게만 생각하지 말고 우리의 생활 속에 숨어 있는 알고리즘을 한 번 생각해 보세요.

예를 들어 '라면을 끓여먹기 위한 방법'도 하나의 알고리즘이라고 할 수 있어요.

02 숫자 패턴을 확인하여 빈 칸에 들어갈 값을 적어보세요.

– 준비물 : 연필

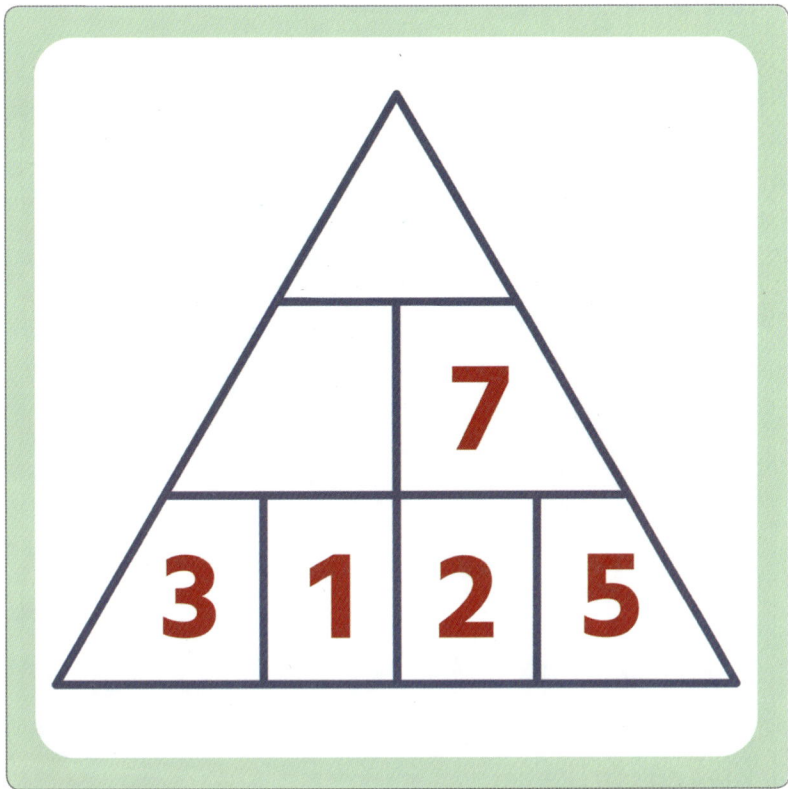

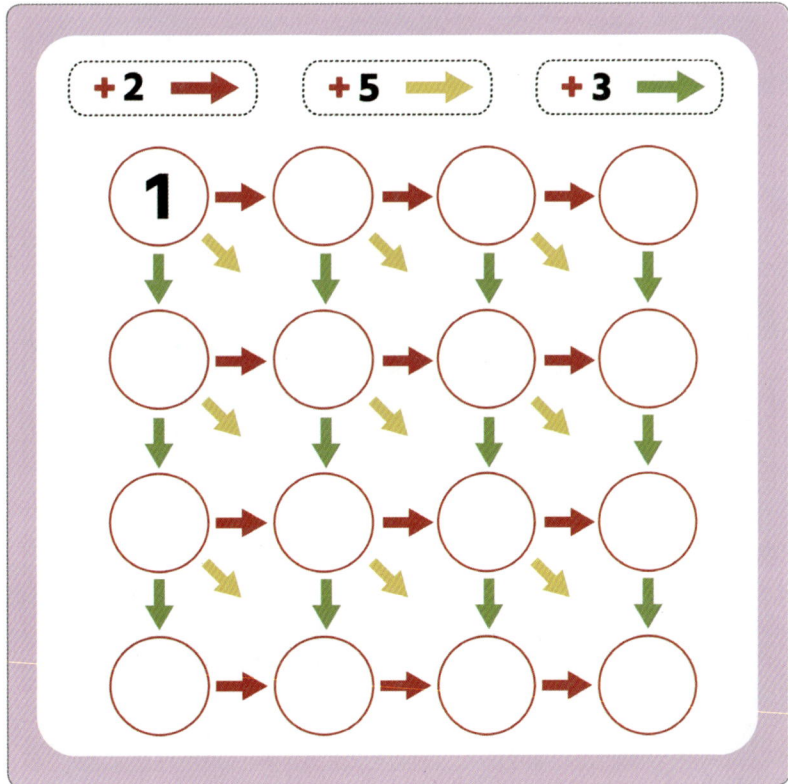

03 도형(정육면체)을 위에서 보았을 때 어떤 색들이 보이는지 맞춰보세요.

— 준비물 : 연필

※ 힌트 : 2단으로 쌓여 있는 블록과 빈 블록을 꼭 확인하세요.

엔트리로 블록 코딩하기

■ 불러올 파일 : 엔트리 11일차.ent   ■ 완성된 파일 : 엔트리 11일차(완성).ent

01 신호 만들기

❶ 블록 꾸러미에서 <신호 만들기> 단추를 클릭하세요.

❷ 신호 이름 '출발'을 입력한 다음 <신호 추가> 단추를 클릭하세요. 이어서, '출발' 신호가 추가된 것을 확인합니다.

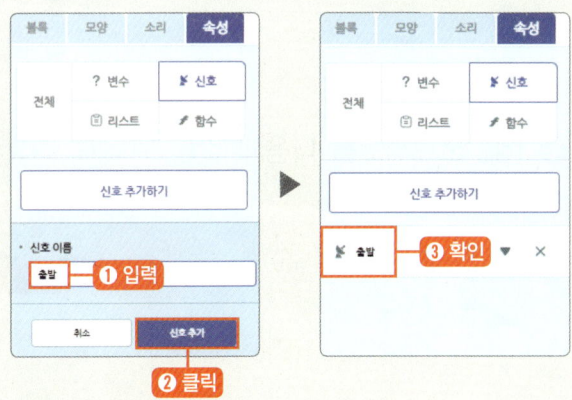

02 '배' 오브젝트 추가하기

❶ <오브젝트 추가하기> 단추를 클릭하고 [오브젝트 추가하기]에서 [파일 올리기]를 클릭한 다음  를 클릭하세요.

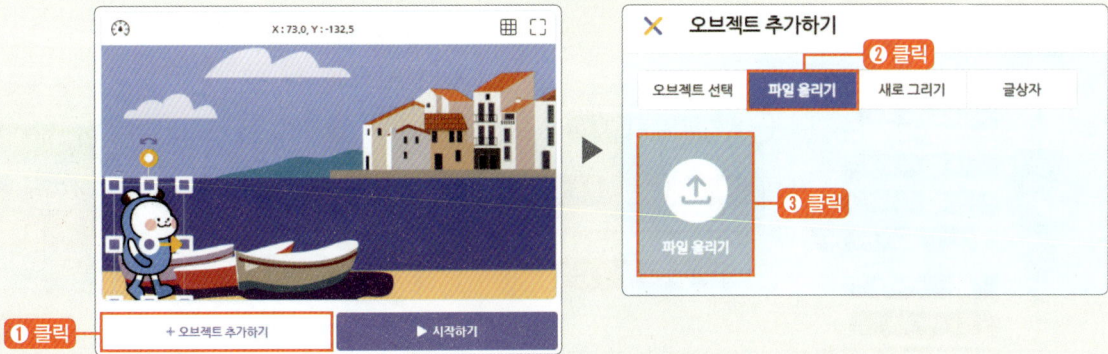

❷ [열기] 대화상자가 나오면 [불러올 파일]-[CHAPTER 11] 폴더의 '배' 파일을 선택하고 <열기> 단추를 클릭하세요. 이어서, <추가하기> 단추를 클릭하세요.

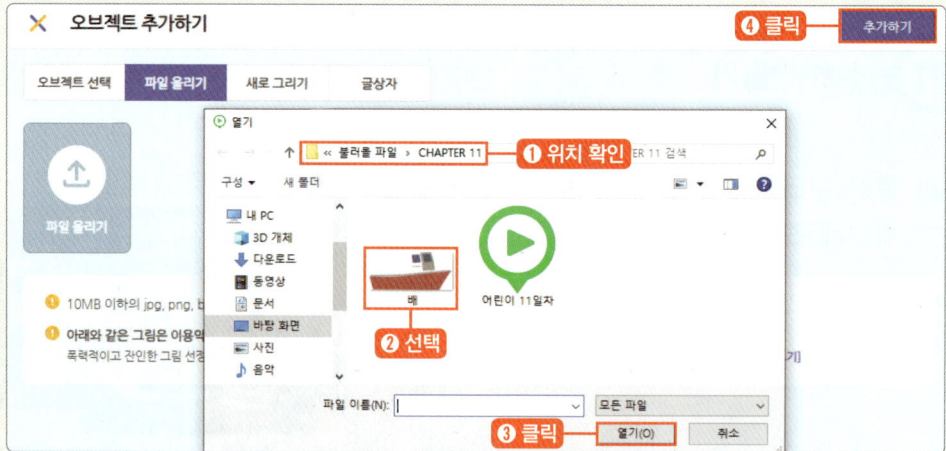

❸ 오브젝트 목록에서 [배] 오브젝트를 [엔트리봇] 오브젝트 아래로 마우스 왼쪽 단추를 누르면서 드래그하세요.

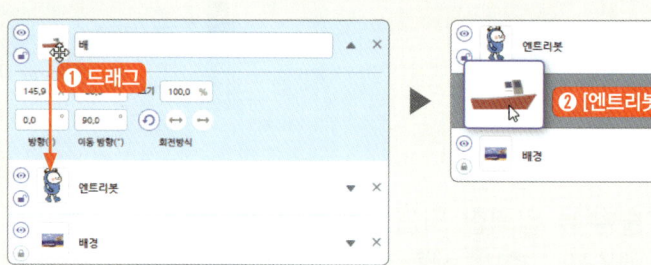

❹ [배] 오브젝트를 다음과 같은 위치로 이동하세요.
   ※ 오브젝트 위치 : X(140), Y(-68)

03 오브젝트 코딩하기

❶ [엔트리봇] 오브젝트가 앞으로 움직이면서 걷는 모양이 나오도록 다음과 같이 코딩해 보세요.
   ※ 반복하기(25), 이동 방향으로 움직이기(10), 기다리기(0.1)

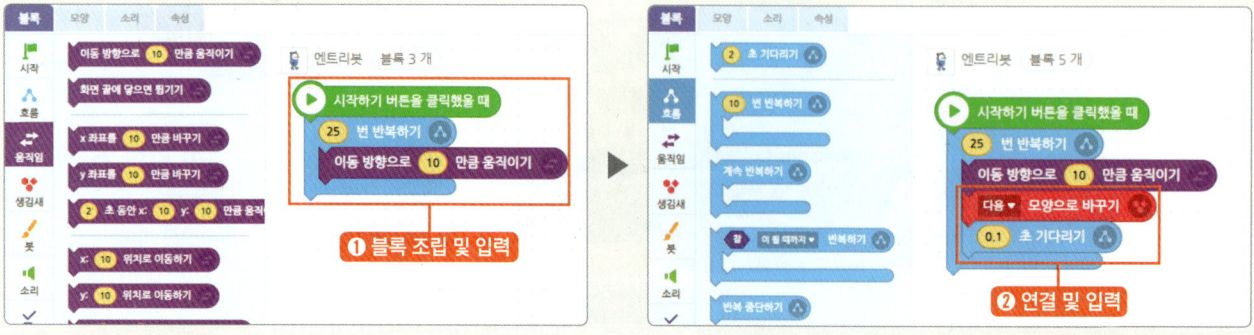

❷ [배] 오브젝트에 도착하면 '2'초 동안 말하기를 하고 모양을 숨긴 다음 출발 신호를 보내기 위해서 다음과 같이 코딩합니다.
  ※ '출발!'을 '2' 초 동안 말하기

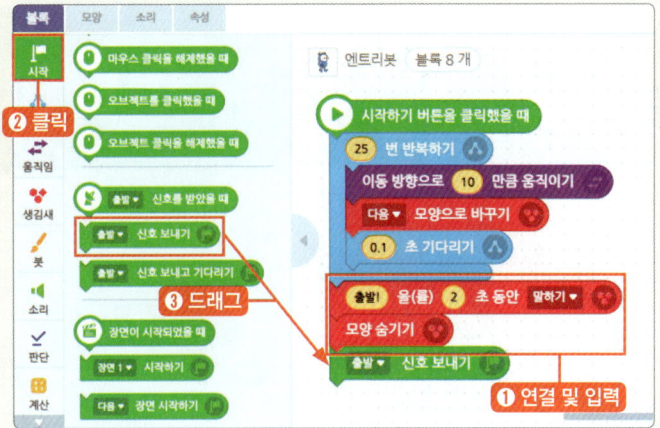

❸ [배] 오브젝트에 출발 신호를 받으면 '2'초간 말하기를 하도록 다음과 같이 코딩해 보세요.
  ※ '배가 출발합니다.'를 '2' 초 동안 말하기

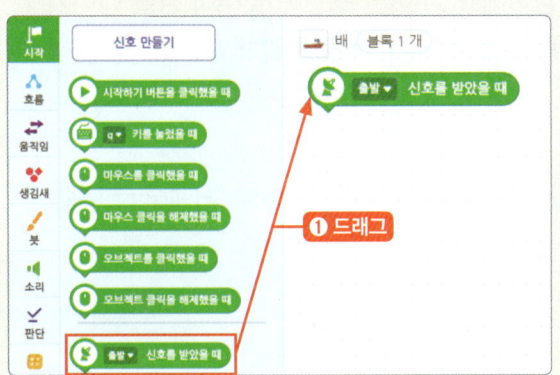 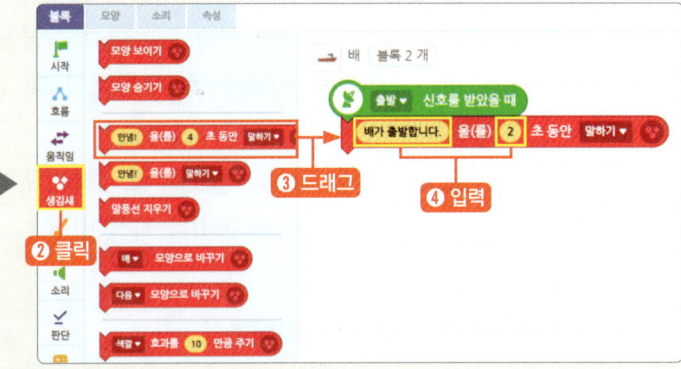

❹ [배] 오브젝트가 크기가 작아지면서 위로 올라가도록 다음과 같이 코딩해 보세요.
  ※ 반복하기(15), y좌표 바꾸기(4), 기다리기(0.1), '마을에 도착했어요.'를 '2' 초 동안 말하기

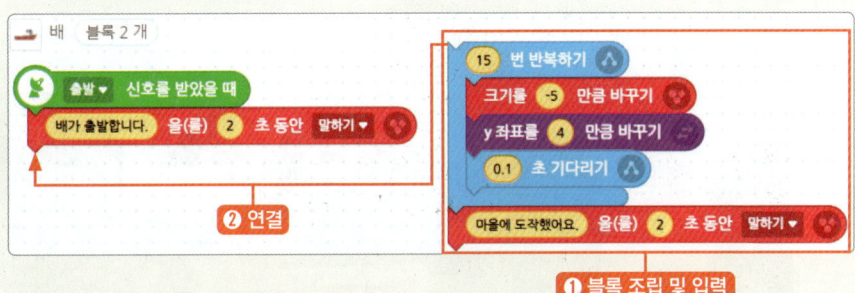

❺ ▶시작하기 를 클릭한 다음 오브젝트의 동작을 확인해 보세요.

CHAPTER 12 어린이 코딩 12일차

01 강 건너기 놀이

- 준비물 : 가위 - 인원 : 혼자

강 건너기 놀이는 '양, 늑대, 양배추'가 강을 건너는 게임이에요. 주어진 조건에 맞추어 강을 건너기 위해서는 많은 생각이 필요한 게임으로 각각의 상황을 적어가면서 문제를 해결해 보세요. 강 건너기 게임을 하기 위해서는 먼저 뒤쪽 [부록4]의 '배, 양, 늑대, 양배추'를 모양에 맞추어 가위로 오리세요.
(가위로 오릴 때는 손을 다치지 않도록 조심하세요.^^) 가위로 오려낸 '배, 양, 늑대, 양배추'는 아래 그림처럼 배치한 후 강 건너기 놀이를 시작합니다.

- 강 위 : 배
- 오른쪽 육지 : 양, 늑대, 양배추

게임 조건

▶ '강을 이동할 때는 한 마리의 동물(또는 물건)만 태울 수 있어요.
▶ '양'과 '늑대'를 남겨두면 '늑대'가 '양'을 잡아먹어요.
▶ '양'과 '양배추'를 남겨두면 '양'이 '양배추'를 먹어요.
▶ '배를 타고 내릴 때는 잡아먹지 않아요.

아무 문제없이 모두가 강을 건너기 위해서는 어떤 방법(알고리즘)이 필요할까요?

> 강 건너기 방법(알고리즘)
>
> ※ 힌트 : 늑대는 2번째 순서에 강을 건너요. 단, 아무 문제 없이 모두가 무사히 강을 건너기 위해서는 특정 동물(또는 물건)이 왼쪽과 오른쪽 땅을 여러 번 이동해야 해요

| **02** | 각 원모양의 위치를 그려본 다음 연결하여 하트를 그려보세요.

– 준비물 : 색연필

예 S모양 원의 위치 (5,2) → (X, Y) 좌표를 확인하세요.

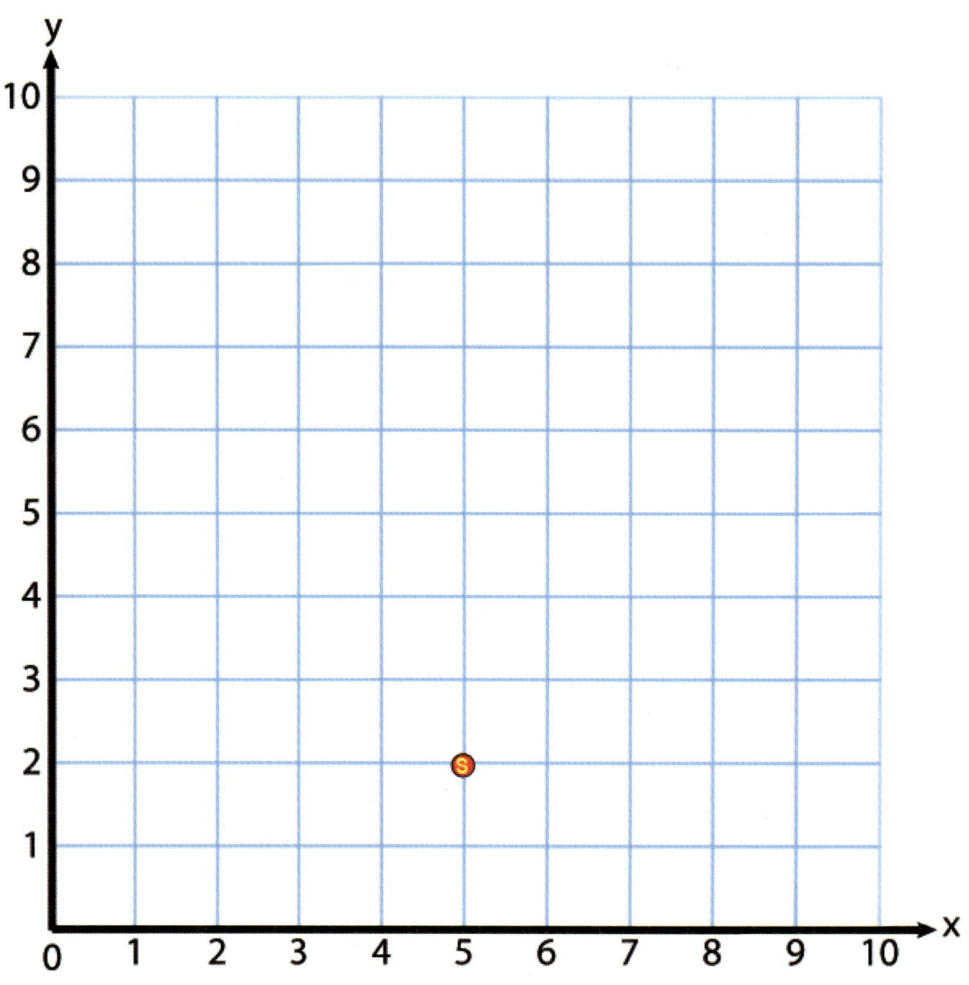

- 🅢 (5,2)
- 🟠 (3,4)
- 🟡 (1,6)
- 🟢 (3,8)
- 🔵 (5,6)
- 🟣 (7,8)
- 🔴 (9,6)
- ⚫ (7,4)

엔트리로 블록 코딩하기

■ 불러올 파일 : 엔트리 12일차.ent   ■ 완성된 파일 : 엔트리 12일차(완성).ent

01 대답 숨기기

❶ 🏁 을 클릭하여 [시작하기 버튼을 클릭했을 때]를 블록 조립소로 드래그하세요. ❓ 를 클릭하여 [대답 '숨기기']를 연결하세요.

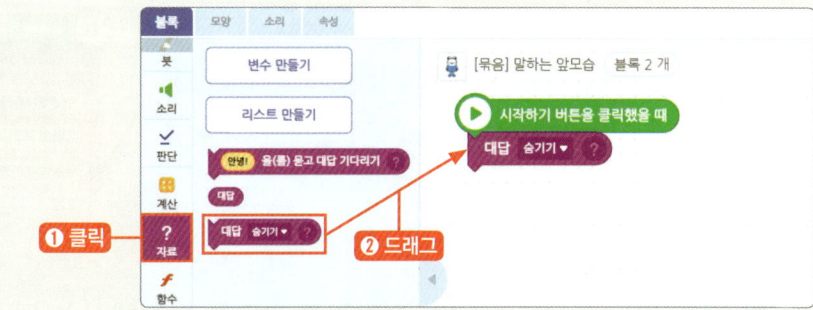

> **TIP**
> 대답 '보이기'와 '숨기기' 확인하기

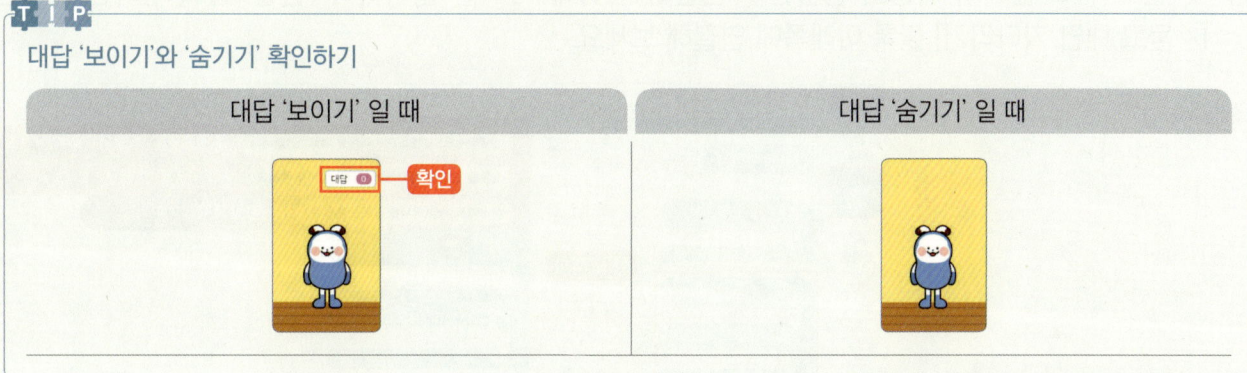

02 넌센스 퀴즈 대회 시작 말하기

❶ 🌼 를 클릭하여 ['안녕'을 '4'초 동안 말하기]를 블록 조립소로 두 번 드래그하세요. 이어서, 입력란에 들어갈 내용을 다음과 같이 입력해 보세요.

※ '안녕하세요! 넌센스 퀴즈 대회를 시작하겠습니다.'를 '2'초 동안 말하기
'질문을 보고 잘 생각해서 정답을 입력해 주세요.'를 '2'초 동안 말하기

CHAPTER 12 어린이 코딩 12일차 **075**

03 퀴즈 문제 내고 정답 확인하기

❶ 첫 번째 퀴즈 문제를 내기 위해 [?자료]를 클릭하여 ['안녕'을(를) 묻고 대답 기다리기]를 블록 조립소로 드래그하세요. 이어서, 입력란에 들어갈 내용을 다음과 같이 입력해 보세요.

※ '세상에서 가장 장사를 잘하는 동물은?' 묻고 대답 기다리기

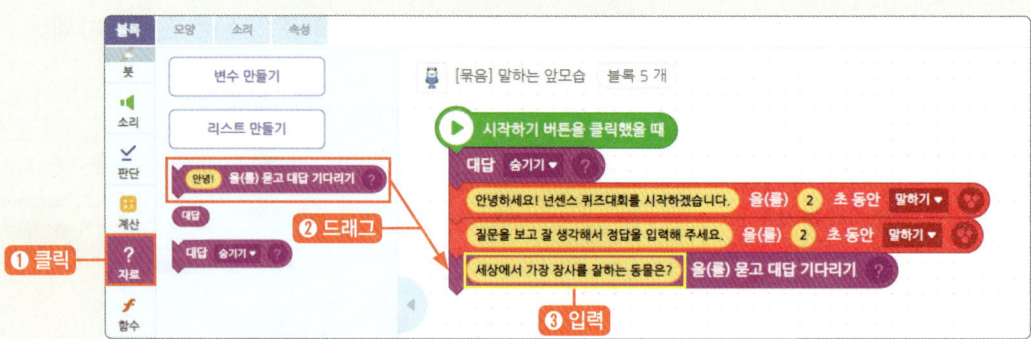

❷ 첫 번째 퀴즈 문제의 대답이 정답인지 판단하기 위해 [흐름]을 클릭하여 [만일 '참' (이)라면/아니면]을 [~ 묻고 대답 기다리기] 블록 아래쪽에 연결해 보세요.

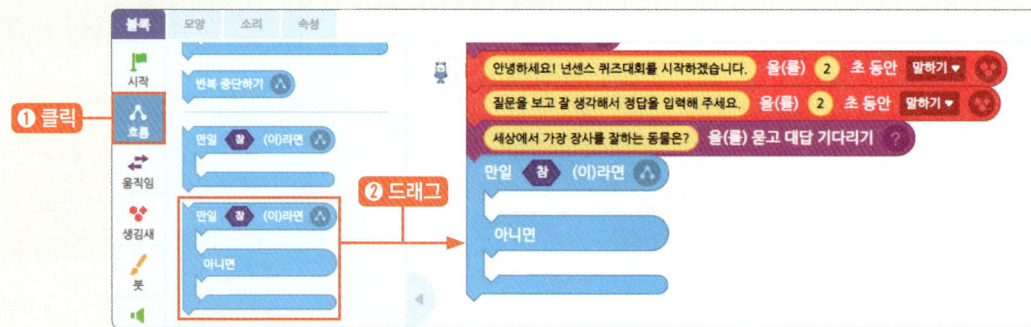

❸ [판단]을 클릭하여 ['10' = '10'] 블록을 조건 블록인 육각형 모양 안쪽에 연결하세요.

076 ▶ 손으로 배우는 코딩(언플러그드+엔트리)

❹ ?자료 를 클릭하여 [대답] 블록을 조건 블록 왼쪽에 연결하고 오른쪽에는 '판다'로 입력해 주세요.

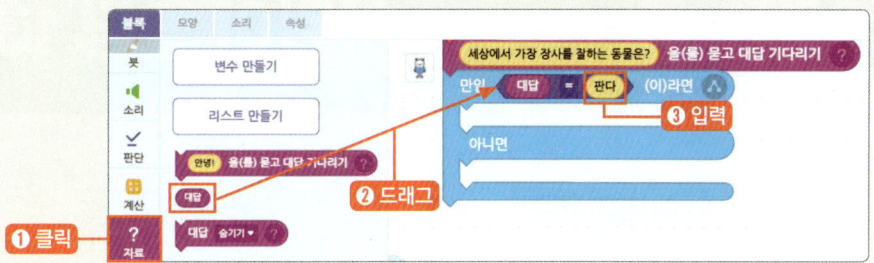

❺ 대답이 맞는지 알려주기 위해 생김새 를 클릭하여 ['안녕'을 '4'초 동안 말하기] 블록을 다음과 같이 연결한 다음 말하기를 수정하세요.

※ '정답'을 '1' 초 동안 말하기, '땡'을 '1' 초 동안 말하기

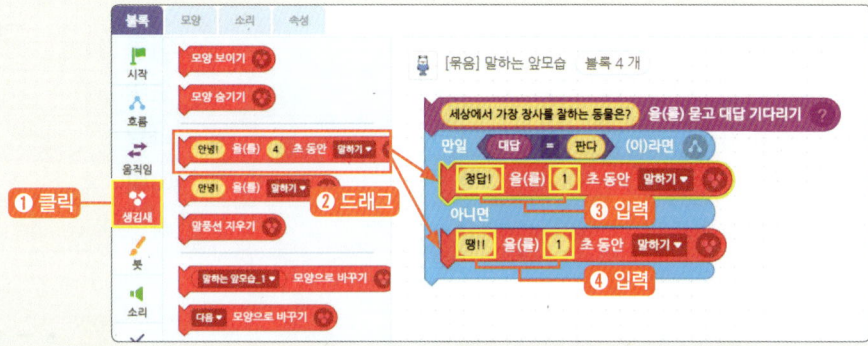

❻ 완성된 블록에 마우스 오른쪽 단추를 눌러 [코드 복사 & 붙여넣기]를 클릭하세요. 이어서, 복사된 블록 코드를 다음과 같이 맨 아래쪽에 연결하세요. 이어서, 다음과 같이 문제와 답을 변경해 주세요.

※ 문제 : 도둑이 가장 싫어하는 아이스크림은?   정답 : 누가바

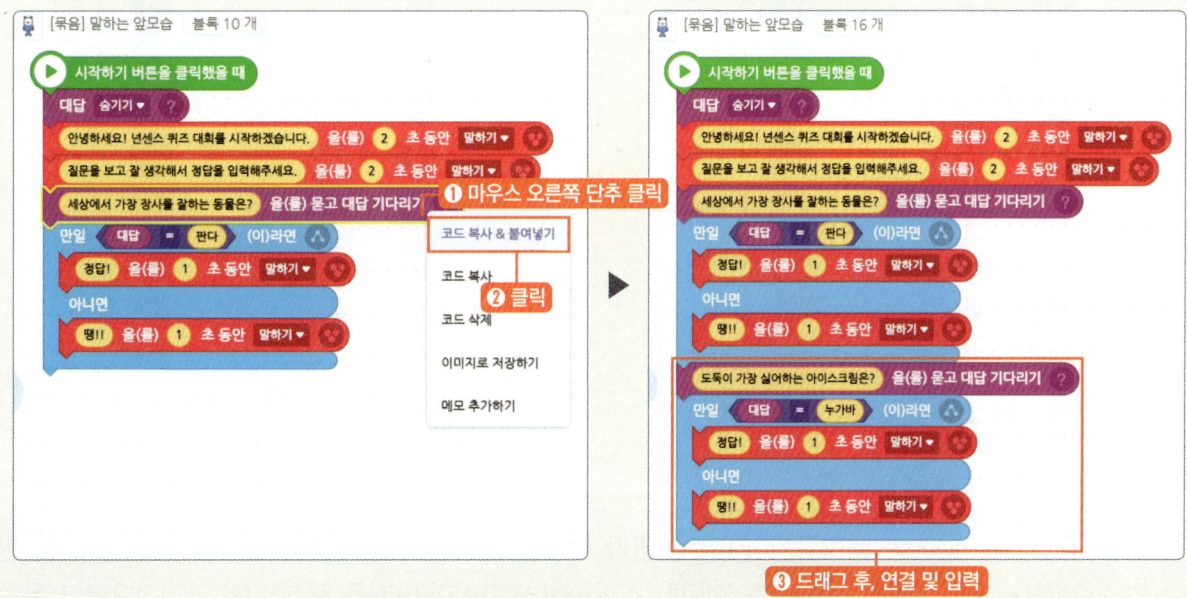

❼ ▶시작하기 를 클릭한 다음 퀴즈에 대한 정답을 입력하여 확인해 보세요.

CHAPTER 13 어린이 코딩 13일차

손으로 배우는 어린이 코딩

01 단어에 맞는 모스 부호를 적어본 후 박수 또는 핸드폰 손전등 불빛으로 표현해 보세요.

– 준비물 : 연필

SOS	··· ――― ···	이마	
PET		오이	
JOB		타요	
ART		나비	
RED		라면	

A	·―	N	―·	ㄱ	·―··	ㅎ	·――
B	―···	O	―――	ㄴ	··―·	ㅏ	·
C	―·―·	P	·――·	ㄷ	―···	ㅑ	··
D	―··	Q	――·―	ㄹ	···―	ㅓ	―
E	·	R	·―·	ㅁ	――	ㅕ	···
F	··―·	S	···	ㅂ	·――	ㅗ	·―
G	――·	T	―	ㅅ	――·	ㅛ	―
H	····	U	··―	ㅇ	―·―	ㅜ	····
I	··	V	···―	ㅈ	·――	ㅠ	·―
J	·―――	W	·――	ㅊ	―·―·	ㅡ	―··―
K	―·―	X	―··―	ㅋ	―·―	ㅣ	··―
L	·―··	Y	―·――	ㅌ	――··	ㅐ	――·
M	――	Z	――··	ㅍ	―――	ㅔ	―·――

모스 부호(Morse code)는 미국의 발명가 새뮤얼 핀리 브리즈 모스가 고안한 것으로 '짧은 발신 전류(▪)'와 '긴 발신 전류(-)'을 적절히 조합하여 알파벳과 숫자를 표기해요. 국제적으로 사용하기 위해서는 영어와 숫자를 위주로 사용하지만 한글도 모스 부호로 사용할 수 있으니 꼭 확인해 보세요.

02 아래 2개의 이미지를 비교하여 틀린 그림 8개를 찾아보세요.

– 준비물 : 연필

03 9개의 퍼즐 조각을 맞춰보세요. 단, 퍼즐은 뒤쪽 [부록 CHAPTER 13]의 이미지를 가위로 오려서 사용하세요.

– 준비물 : 연필

엔트리로 블록 코딩하기

■ 불러올 파일 : 엔트리 13일차.ent　■ 완성된 파일 : 엔트리 13일차(완성).ent

01 룰렛판 회전시키기

❶ [룰렛판] 오브젝트를 클릭한 후, [시작]에서 [시작하기 버튼을 클릭했을 때]를 블록 조립소로 드래그하세요. 이어서, [흐름]에서 [계속 반복하기] 블록을 연결하세요.

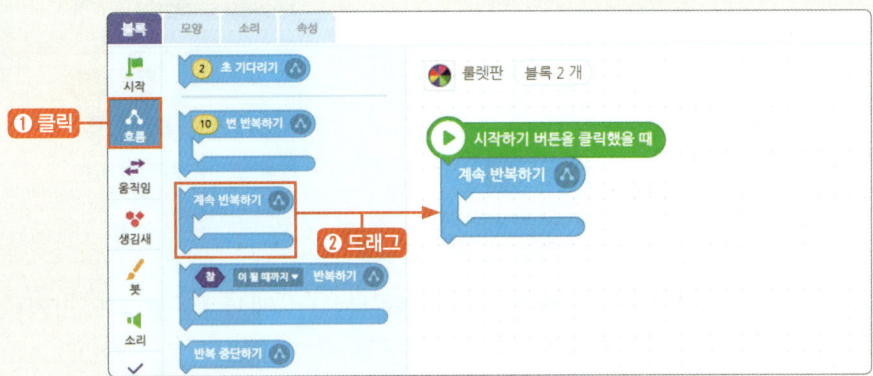

❷ 룰렛판을 왼쪽으로 돌게 하기 위해서 [흐름]에서 ['2'초 기다리기]와 [움직임]에서 [방향을 '90°'만큼 회전하기] 블록을 연결하세요.

※ 기다리기(0.1), 회전하기(-45)

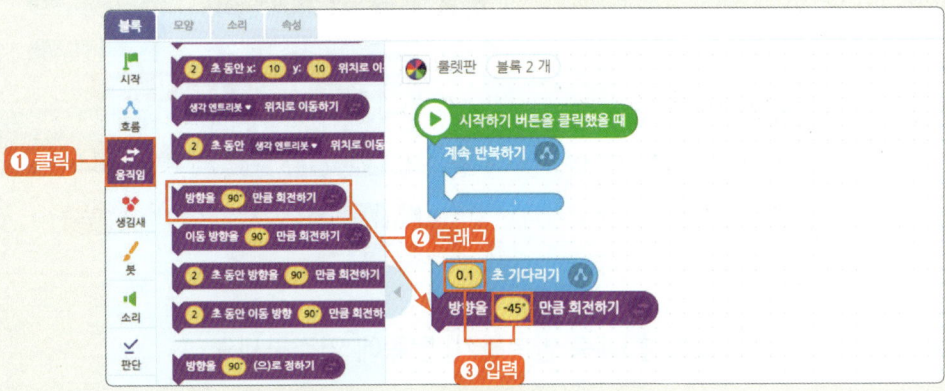

❸ 만들어진 블록 코드를 [계속 반복하기] 안쪽에 연결하세요.

02 화살표 회전시키기

❶ [룰렛 화살표] 오브젝트를 클릭한 후, [시작]에서 클릭하여 [시작하기 버튼을 클릭했을 때] 블록을 블록 조립소로 드래그한 다음 [흐름]에서 [계속 반복하기] 블록을 연결하세요.

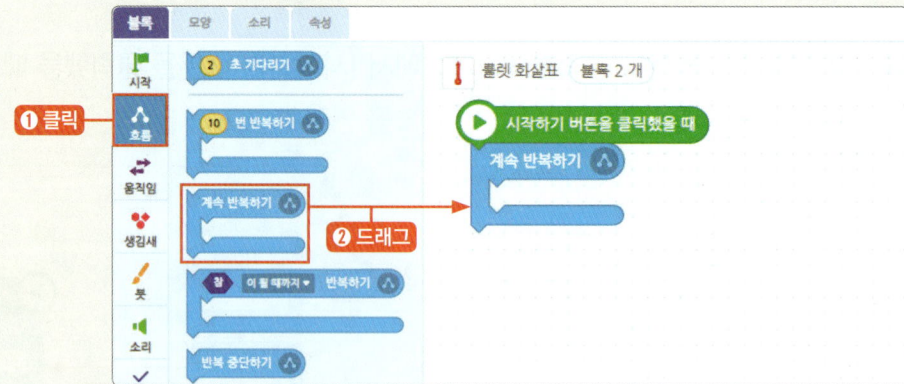

❷ 화살표를 오른쪽으로 돌게 하기 위해서 [흐름]에서 ['2'초 기다리기]와 [움직임]에서 [방향을 '90°'만큼 회전하기] 블록을 연결하세요.

※ 기다리기(0.1), 회전하기(25)

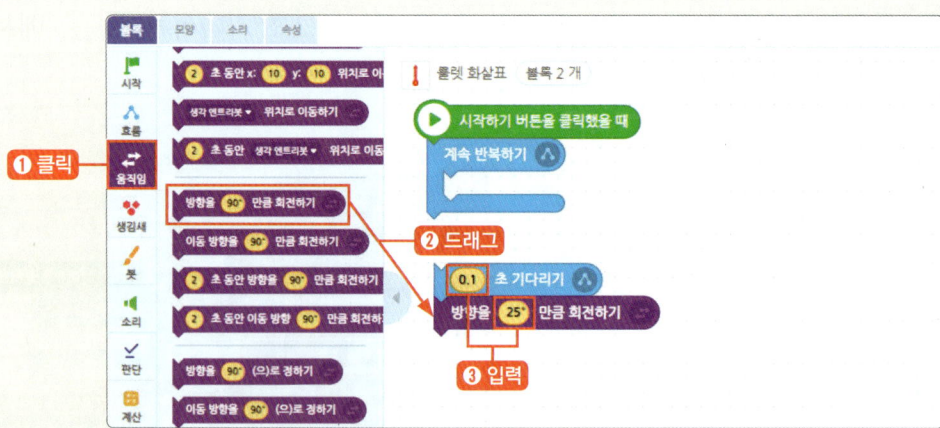

❸ 만들어진 블록 코드를 [계속 반복하기] 안쪽에 연결하세요.

④ 화살표 중심점을 다음과 같이 아래쪽으로 이동해 보세요.

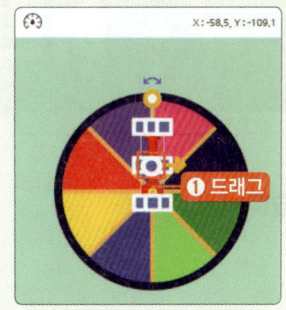 

03 화살표 색상 바꾸기

① [룰렛 화살표] 오브젝트를 클릭한 후, [생김새]에서 ['색깔' 효과를 '10' 만큼 주기] 블록을 블록 조립소로 드래그 한 후, 수정 하세요.

※ 색깔 효과 주기(25)

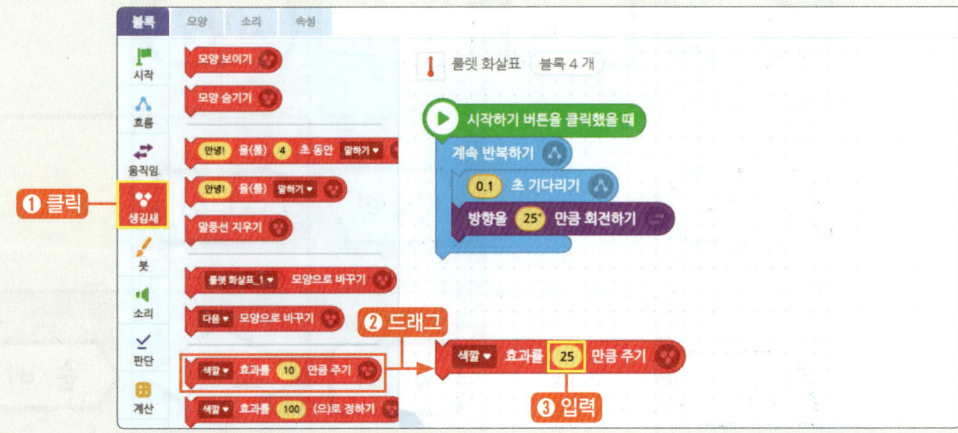

② 블록 코드를 [방향을 25° 만큼 회전하기] 블록 아래쪽에 연결하세요.

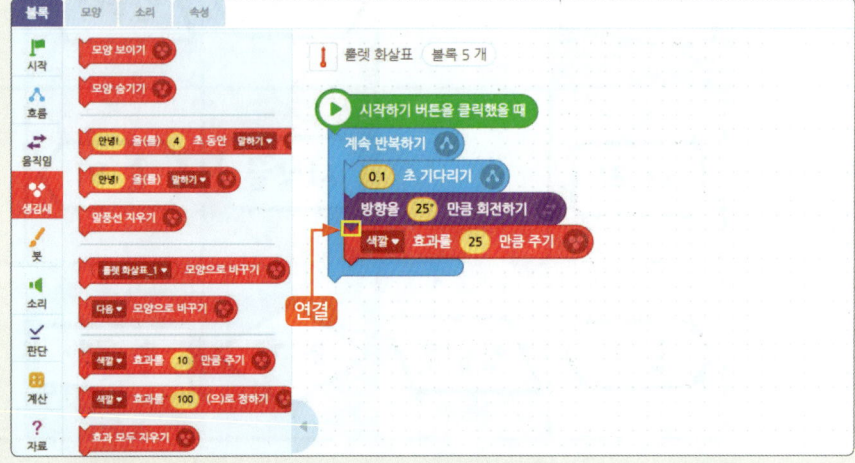

③ ▶시작하기 를 클릭한 다음 룰렛판과 화살표 방향과 색상을 확인해 보세요.

CHAPTER 14 어린이 코딩 14일차

손으로 배우는 어린이 코딩

01 조건을 확인한 후 빈 칸에 들어갈 이미지를 찾아서 그려보세요

– 준비물 : 연필, 색연필

조건	처리	출력	시작끝		준비
시작끝		입출력	처리		조건
입출력		처리	조건	준비	출력
출력		준비	입출력		처리
처리		시작끝	준비		입출력
준비	입출력	조건	출력		시작끝

02 순서도를 참고하여 노래 제목을 맞춰보세요

– 준비물 : 연필

노래 제목 : _____

노래 제목 : _____

| 03 | 조건을 확인한 후 빈 칸에 들어갈 이미지를 찾아서 그려보세요. |

– 준비물 : 연필, 색연필

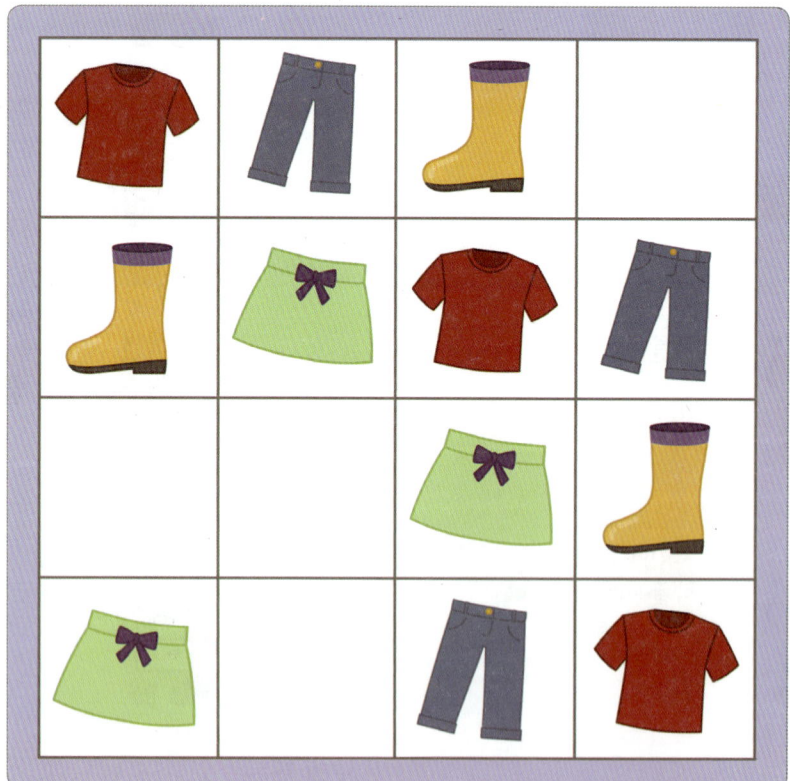

01 무전기로 범인 검거 지시 하기

❶ '경찰2'에게 범인 검거지시를 하기 위해서 [경찰1] 오브젝트를 클릭한 후, 생김새에서 ['안녕'을(를) '4'초 동안 말하기] 블록을 블록 조립소로 드래그한 다음 내용을 수정하고 '경찰2' 신호를 만들어요. 이어서, 시작에서 ['경찰2' 신호 보내기] 블록을 연결하세요.

※ 말하기1 (초록모자를 쓴 범인을 반드시 검거하라는 지시가 내려왔다!, 1초)
말하기2 (공원을 샅샅이 수색하도록! 이상!, 1초)
신호 만들기(경찰2)

❷ 오브젝트 목록의 [경찰2] 오브젝트를 선택하고 시작에서 ['경찰2' 신호를 받았을 때]와 생김새에서 ['안녕'을(를) '4'초 동안 말하기] 블록을 블록 조립소로 드래그하여 연결하세요.

※ 말하기(예! 알겠습니다!, 1초)

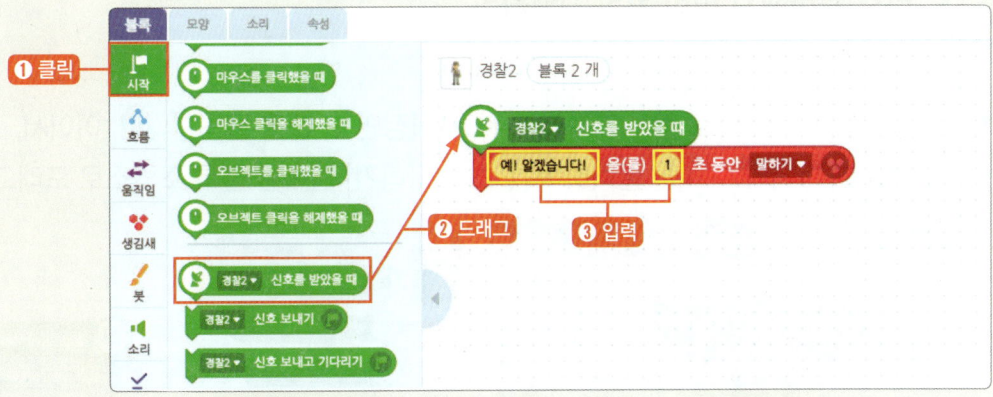

❸ [흐름]에서 ['10'번 반복하기]와 [생김새]에서 [크기를 '10'만큼 바꾸기] 블록을 블록 조립소로 드래그하여 말하기 블록 아래쪽에 연결하세요.

※ 크기 바꾸기(-10)

❹ [시작]에서 ['장면1' 시작하기] 블록을 ['10'번 반복하기] 블록 아래쪽에 연결하세요.

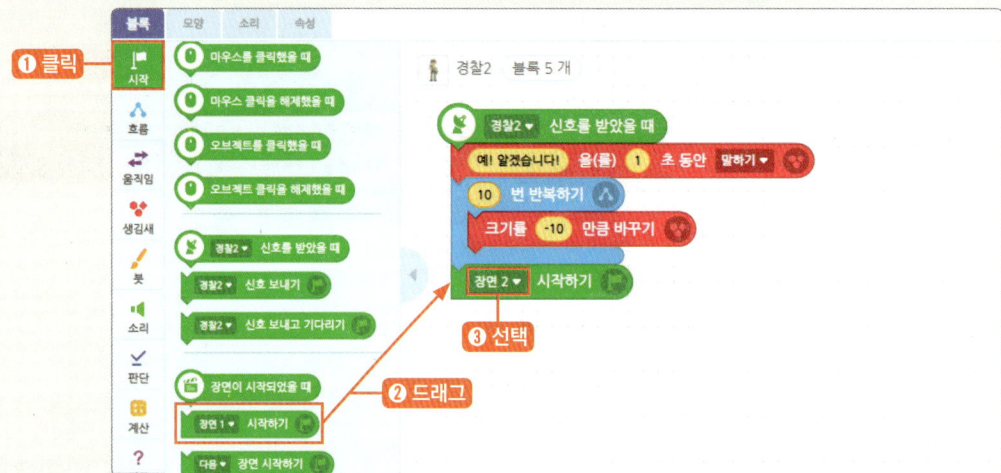

02 다음 장면에서 범인 검거 실패하기

❶ 다음 장면이 시작되고 잠시 기다리기 위해서 [장면 2] 탭을 클릭합니다. 이어서, [시작]을 클릭하여 [장면이 시작되었을 때]와 [흐름]을 클릭하여 ['2'초 기다리기] 블록을 블록 조립소로 드래그하여 연결하세요.

088 손으로 배우는 코딩(언플러그드+엔트리)

❷ '경찰2'의 모양을 좌우로 움직이기 위해서 [생김새] 를 클릭하여 [좌우 모양 뒤집기] 블록을 블록 조립소로 드래그하여 ['1'초 기다리기] 아래쪽에 연결하세요.

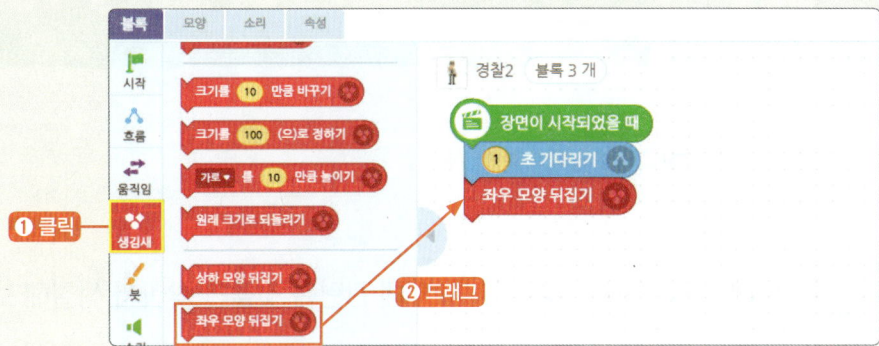

❸ [생김새] 에서 ['안녕'을(를) '4'초 동안 말하기] 블록의 내용을 수정하고 [좌우 모양 뒤집기] 아래쪽에 연결하세요.
   ※ 말하기(아무리 찾아봐도 범인이 없습니다. 죄송합니다., 1초)

❹ 낚시왕으로 위장한 범인이 비웃는 모습을 표현하기 위해서 [낚시왕] 오브젝트를 클릭한 후, [시작], [흐름], [생김새] 에서 다음과 같이 블록을 조립해 보세요.
   ※ 말하기(ㅋㅋㅋ, 2초)

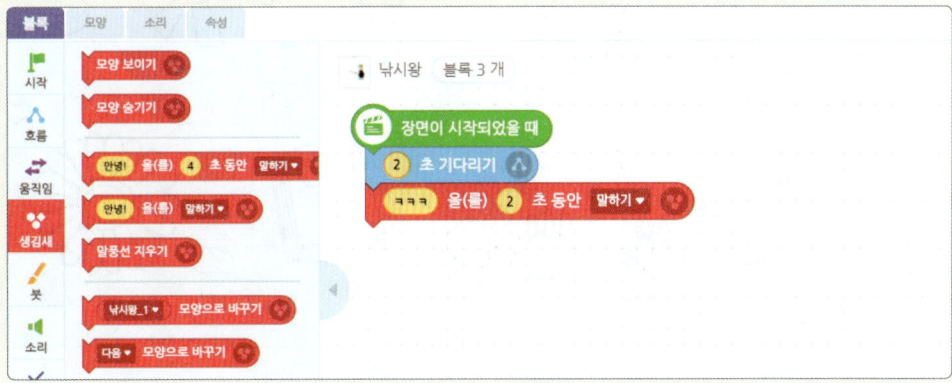

❺ [▶ 시작하기] 를 클릭한 다음 신호와 장면 전환을 확인해 보세요.

어린이 코딩 15일차

01 아래 그림 중에서 '우주'와 '사탕'에 관련된 것들만 찾아서 색칠해 보세요.

– 준비물 : 색연필

| **02** | 아래 이미지를 참고하여 도형의 개수가 맞는 것을 표시해 보세요.

– 준비물 : 연필

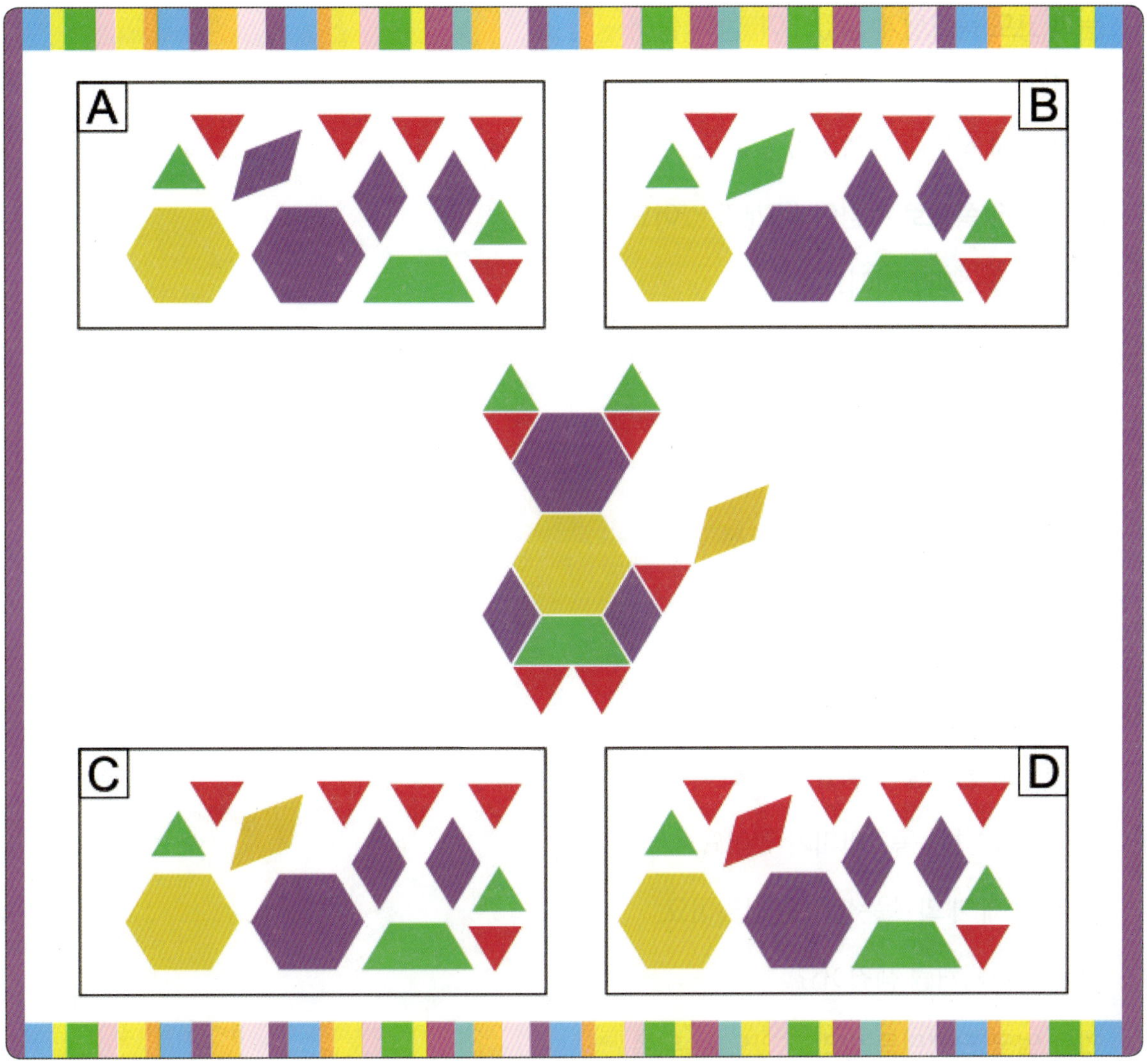

03 아래 조건을 참고하여 순서대로 그림을 그려보세요. 과연 어떤 그림이 완성될까요?

– 준비물 : 연필, 색연필

조건 1

❶ 얼굴이 동그랗게 생겼어요.

❷ 얼굴 안쪽도 큰 동그라미가 있어요.

❸ 눈과 코도 동그랗게 생겼으며, 함께 붙어 있어요.

❹ 눈 안쪽에 작은 동그라미가 있어요.

❺ 코 옆에 양쪽으로 수염이 세 개가 있어요.

❻ 입 모양을 스마일이에요.

❼ 빨간색 목걸이를 하고 있어요.

조건에 맞추어 그림그리기

조건 2

❶ 얼굴이 네모 모양이에요.

❷ 눈은 크고 동그랗게 생겼으며, 붙어있어요.

❸ 눈 안쪽에 작은 동그라미가 있어요.

❹ 눈 위에 세 개의 속눈썹이 붙어있어요.

❺ 코는 소시지처럼 생겼어요.

❻ 입을 얼굴 크기만큼 벌리고 있으며, 위쪽 앞니 두 개가 벌어져 있어요.

❼ 얼굴에 곰팡이처럼 얼룩이 있어요.

조건에 맞추어 그림그리기

엔트리로 블록 코딩하기

■ 불러올 파일 : 엔트리 15일차.ent   ■ 완성된 파일 : 엔트리 15일차(완성).ent

01 ▶ 사회자가 피아노 치는 엔트리봇 소개하기

❶ 피아노 치는 엔트리봇을 소개하기 위해서 [중절모를 쓴 사람(1)] 오브젝트를 클릭한 후, [생김새]에서 ['안녕'을(를) '4'초 동안 '말하기'] 블록을 블록 조립소로 드래그 하세요. 이어서, 내용을 수정하세요.

※ 말하기1 ('피아노 치는 엔트리봇이 등장하겠습니다.', '2'초)
　 말하기2 ('힘찬 박수 부탁드립니다~', '1'초)

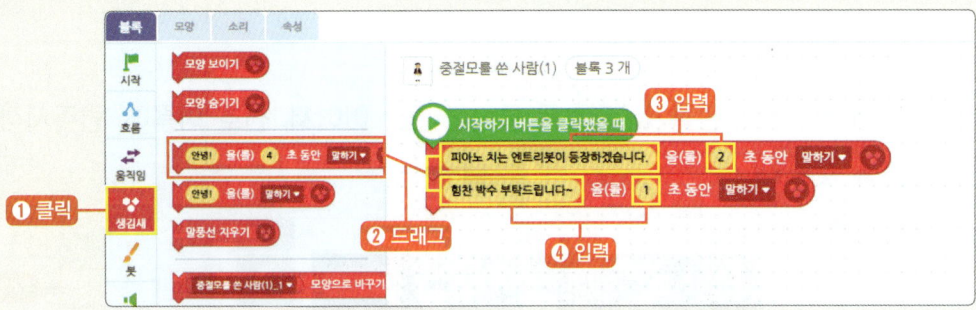

❷ 사회자를 무대에서 숨기기 위해서 [생김새]에서 [모양 숨기기] 블록을 말하기 블록 아래쪽에 연결하세요.

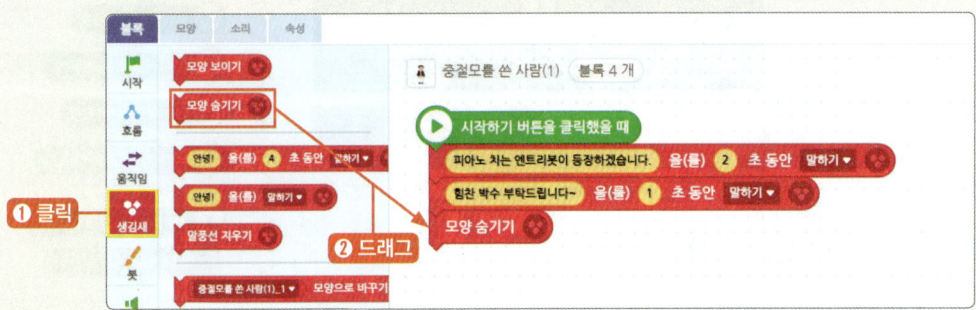

02 ▶ 박수 소리 추가하고 피아노 치는 엔트리봇에게 등장신호 보내기

❶ 박수 소리를 추가하기 위해 [소리] 탭을 클릭한 다음 <소리 추가하기> 단추를 클릭하세요. 이어서, '박수갈채' 소리를 선택하고 <추가하기> 단추를 클릭하세요.

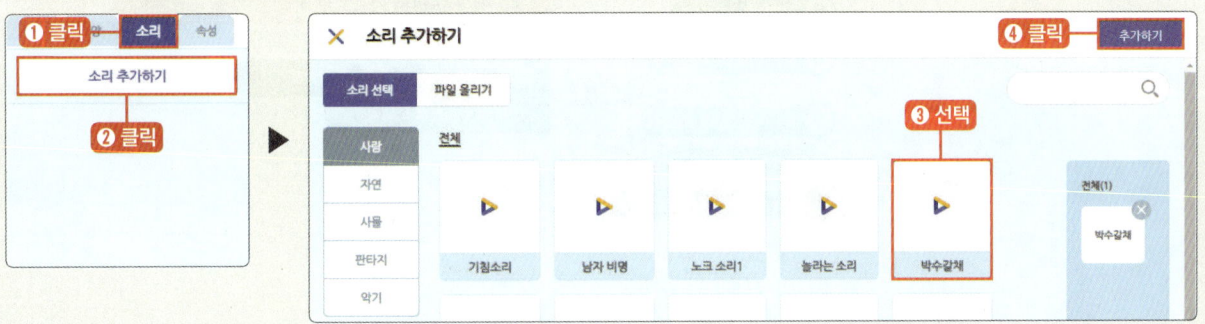

❷ [소리] 에서 [소리 '박수갈채' '1'초 재생하기] 블록을 블록 조립소로 드래그한 다음 [모양 숨기기] 블록 아래쪽에 연결하세요.

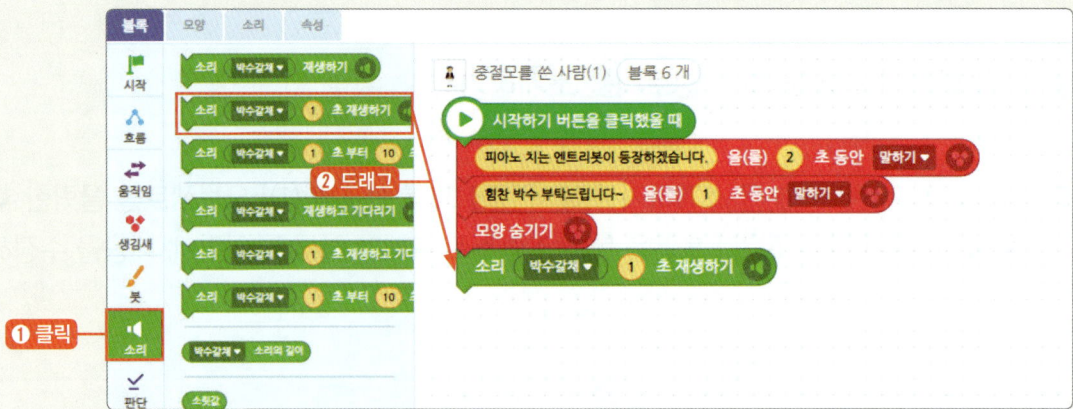

❸ [시작] 에서 <신호 만들기> 단추를 클릭합니다. 이어서, 신호 이름에 '연주시작'을 입력하고 <신호 추가> 단추를 클릭합니다.

❹ [시작] 에서 ['연주시작' 신호 보내기] 블록을 [소리 '박수갈채' '1'초 재생하기] 블록 아래쪽에 연결하세요.
※ 신호 추가 '연주시작'

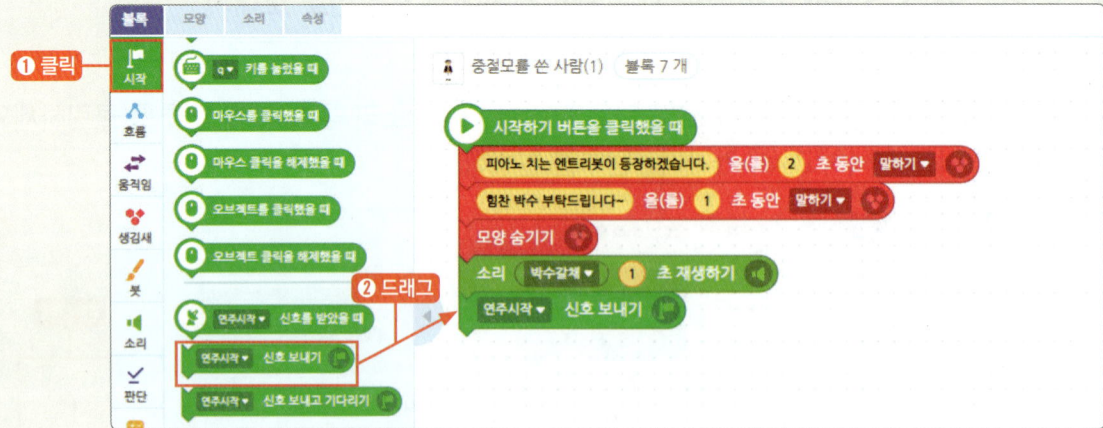

03 피아노 치는 엔트리봇 등장해서 연주하기

① 피아노 치는 엔트리봇 등장을 위해서 [피아노 치는 엔트리봇] 오브젝트를 선택 후, 시작에서 ['연주시작' 신호를 받았을 때] 블록을 블록 조립소로 드래그한 다음 생김새에서 [모양 보이기] 블록을 연결하세요. 이어서, 흐름에서 ['2'초 기다리기]와 [계속 반복하기] 블록을 연결하세요.

※ 기다리기(1초)

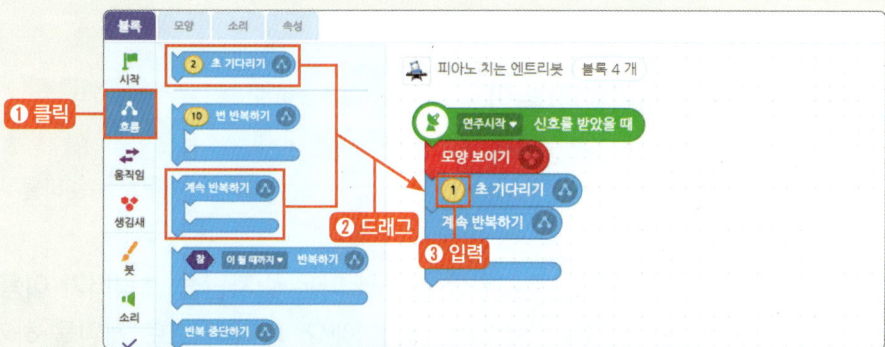

② [소리] 탭을 클릭한 다음 <소리 추가하기> 단추를 클릭한 다음 [소리 추가하기]에서 '피아노'를 검색한 후, 모든 피아노 소리를 선택하고 <추가하기> 단추를 클릭합니다. 이어서, 랜덤으로 소리와 움직임을 위해 소리, 계산, 생김새, 흐름에서 다음과 같이 블록을 [계속 반복하기] 안쪽에 연결하세요.

※ 소리 추가하기 (피아노 01_낮은솔 ~ 피아노 14_높은파 – 14개)

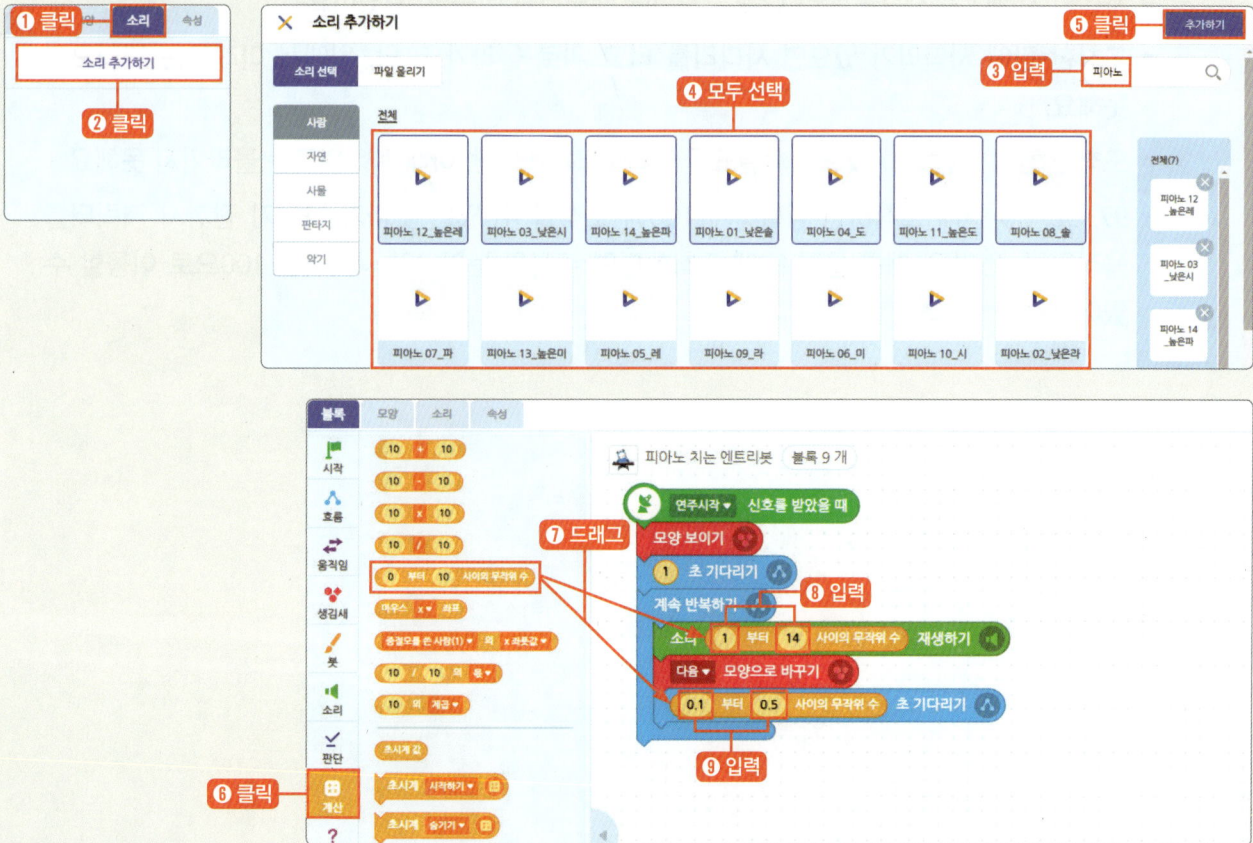

③ ▶시작하기 를 클릭한 다음 피아노 연주가 잘 되는지 확인해 보세요.

CHAPTER 16 어린이 코딩 16일차

01 카드 뒤집기(기억력) 놀이

- 준비물 : 주사위, 가위   - 인원 : 2~4명

사다리 보드 게임은 주사위를 굴려서 나온 숫자만큼 캐릭터가 이동하는 놀이로 숫자 100에 먼저 도착하는 사람이 승리하는 게임이에요. 사다리 보드 게임을 하기 위해서는 먼저 뒤쪽 [부록 CHAPTER 16]의 게임판을 점선에 맞추어 뜯은 후 위쪽에 있는 캐릭터를 가위로 오려서 말판으로 사용하세요. (가위로 오릴 때는 손을 다치지 않도록 조심하세요.^^) 사다리 게임은 최소 2명부터 최대 4명까지 함께 할 수 있는 보드 게임으로서 몇 가지 규칙이 있어요.

- 자신의 캐릭터를 시작 위치인 start에 올려놓고 게임을 시작해요.
- 자신의 차례에 주사위를 굴려 나온 숫자만큼 캐릭터를 이동할 수 있어요.
- 도착한 칸에 사다리가 있으면 사다리를 타고 위로 올라가요. 단, 위에서 아래로는 내려오지 못해요.
- 도착한 칸에 화살표가 있으면 화살표를 따라 내려가요. 단, 아래에서 위로는 올라가지 못해요.
- 97, 98, 99 칸에 도착하면 정확하게 100에 도착할 수 있는 숫자가 나오기 전까지 캐릭터를 움직일 수 없어요. 예를 들어 97에 도착했다면 주사위 눈이 3이 나와야만 100으로 이동할 수 있어요.

사다리 보드 게임

02 'START'를 기준으로 그림 오른쪽에 알파벳으로 표시된 장소(예 : 등대)까지 이동하기 위한 경로를 찾은 후 해당하는 이미지에 알파벳을 적어보세요.

– 준비물 : 연필

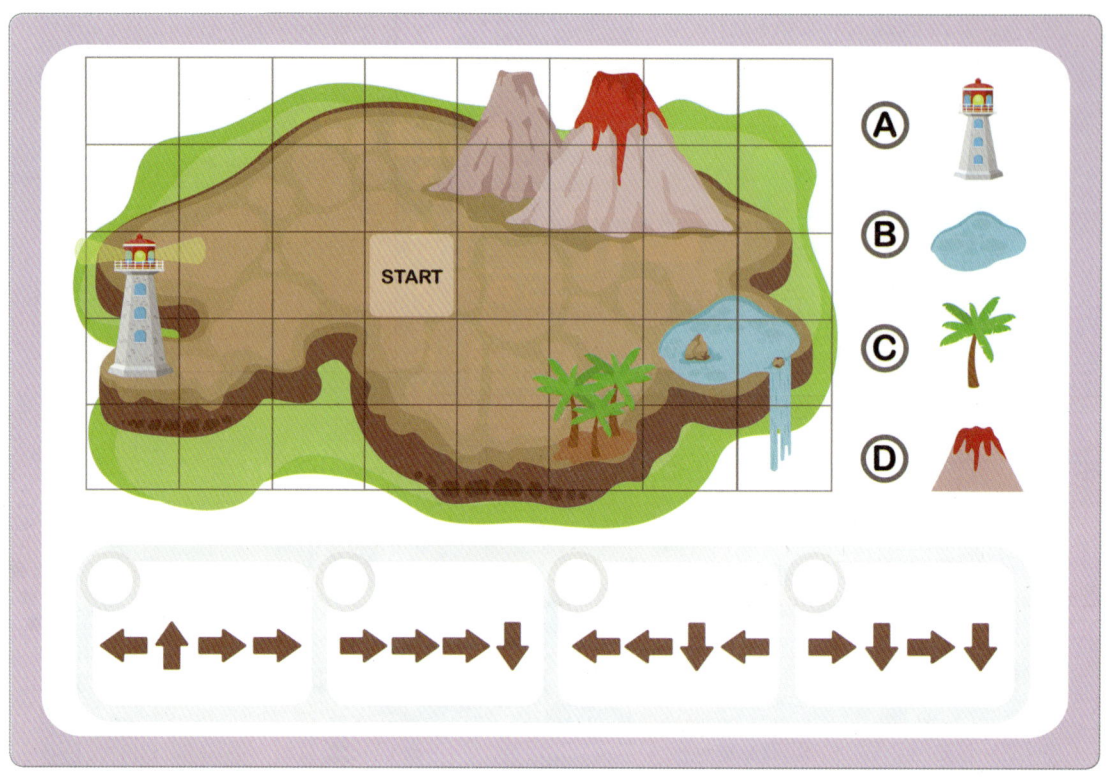

엔트리로 블록 코딩하기

■ 불러올 파일 : 엔트리 16일차.ent   ■ 완성된 파일 : 엔트리 16일차(완성).ent

01 초시계 알아보기

❶ 오브젝트 목록 창에서 [거북이] 오브젝트를 클릭하세요.

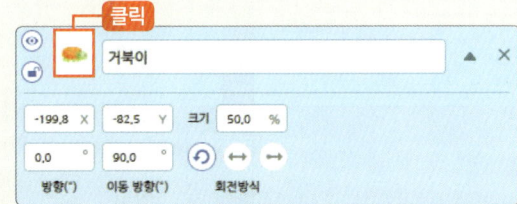

❷ 에서 [오브젝트를 클릭했을 때] 블록을 블록 조립소로 드래그한 다음 에서 [초시계 '시작하기'] 블록을 연결해 보세요. 이어서, 초시계 '시작하기'를 눌러 '초기화하기'로 변경하세요.

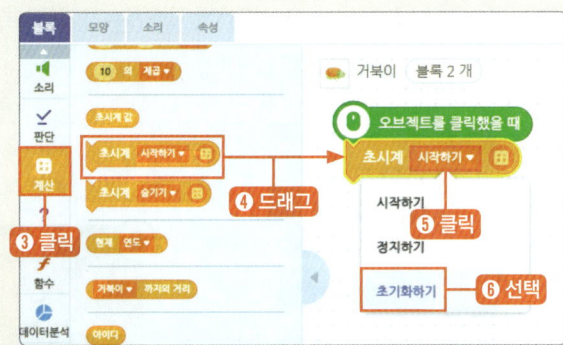

❸ 초시계를 시작하면서 화면에는 숨기기를 하도록 [초시계 '숨기기'] 블록을 아래쪽에 연결해 보세요.

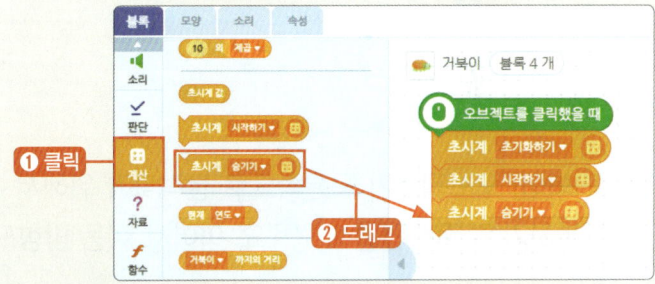

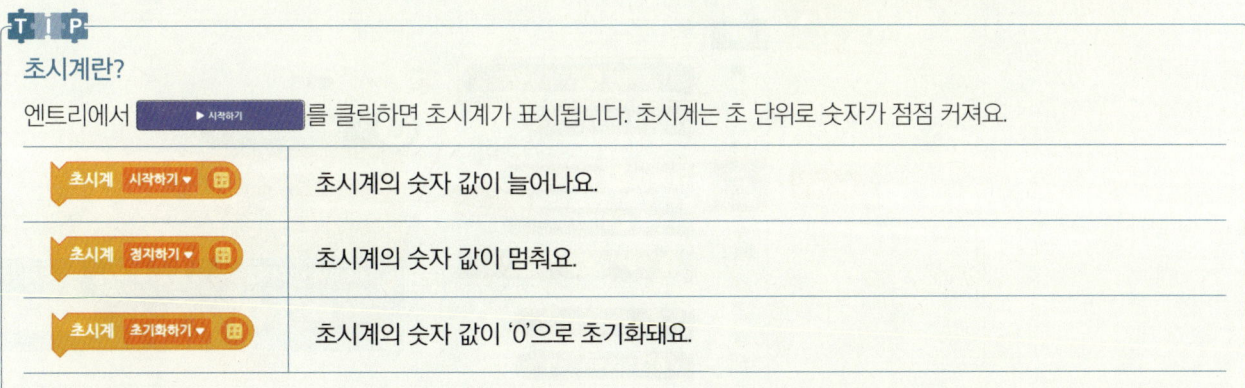

TIP

초시계란?

엔트리에서 ▶시작하기 를 클릭하면 초시계가 표시됩니다. 초시계는 초 단위로 숫자가 점점 커져요.

초시계 시작하기	초시계의 숫자 값이 늘어나요.
초시계 정지하기	초시계의 숫자 값이 멈춰요.
초시계 초기화하기	초시계의 숫자 값이 '0'으로 초기화돼요.

02 엔트리봇 움직이기

❶ [거북이] 오브젝트가 움직이기 위해서 [흐름]에서 ['참 이 될 때까지' 반복하기] 블록을 연결해 보세요.

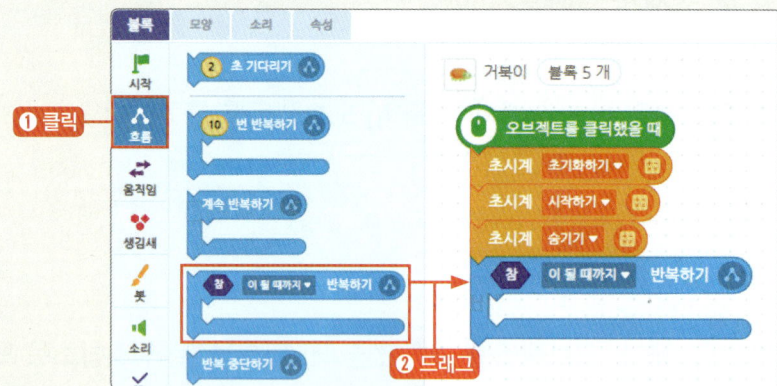

❷ [판단]에서 ['마우스포인터'에 닿았는가?] 블록을 '참'에 연결하고 '오른쪽 벽'을 선택해 보세요.
   ※ [거북이] 오브젝트가 '오른쪽 벽'에 닿을 때까지 반복해요.

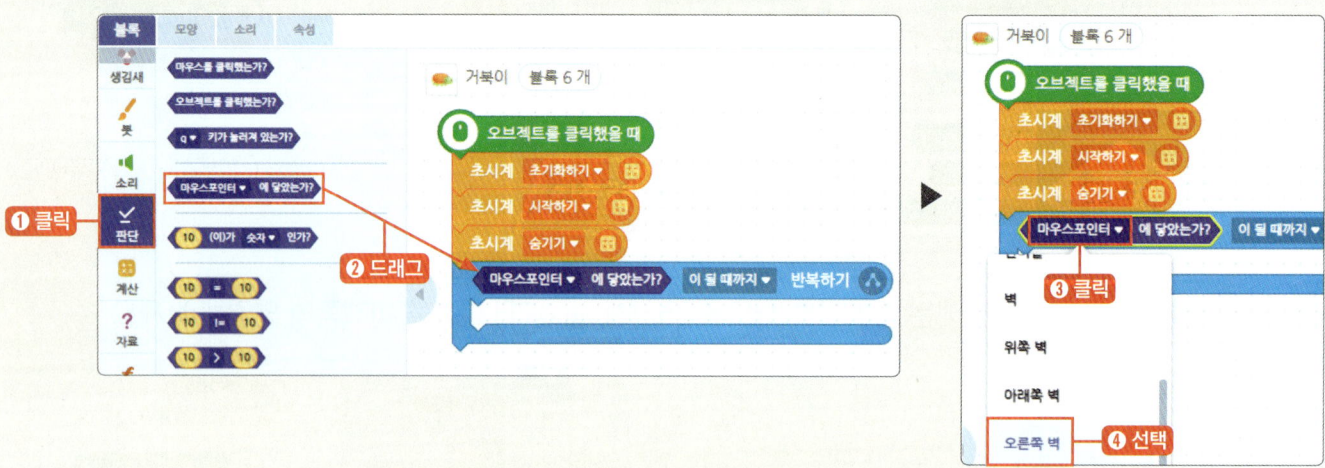

❸ [거북이] 오브젝트가 오른쪽으로 달려가기 위해서 [움직임]에서 [이동 방향으로 '10' 만큼 움직이기] 블록을 반복하기 안쪽에 연결해 보세요. 이어서, 이동 방향으로 움직이기 숫자를 입력해 보세요.
   ※ 이동 방향으로 움직이기(6)

❹ 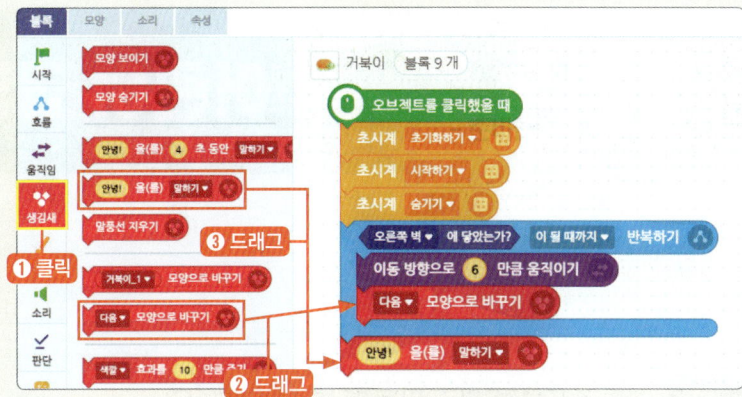 에서 ['다음' 모양으로 바꾸기] 블록을 반복하기 안쪽에 연결합니다. 이어서, ['안녕'을(를) 말하기] 블록을 반복하기 바깥쪽에 연결합니다.

❺ [거북이] 오브젝트가 달리고 나서 몇 초가 나왔는지 알려주기 위해서 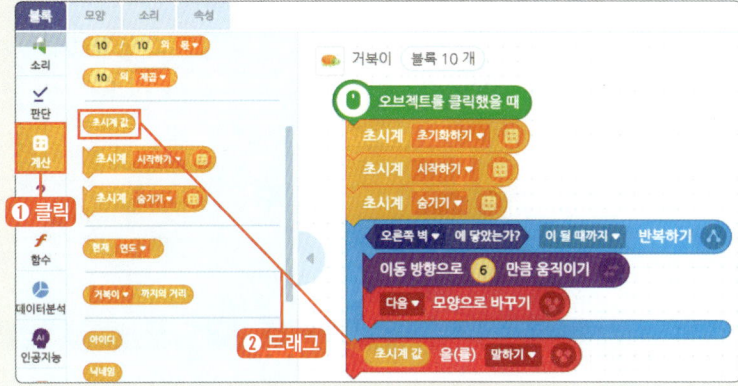 에서 [초시계 값] 블록을 말하기에 연결해 보세요.

❻ [거북이] 오브젝트 블록 코드에 마우스 오른쪽 단추를 눌러 [복사하기]를 클릭한 다음 [고양이] 오브젝트를 클릭 후, 블록 조립소에서 마우스 오른쪽 단추를 눌러 [붙여넣기]를 클릭하세요.

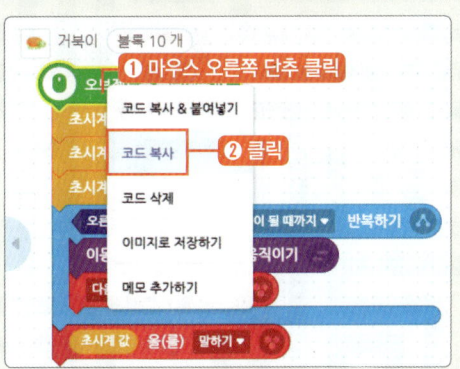 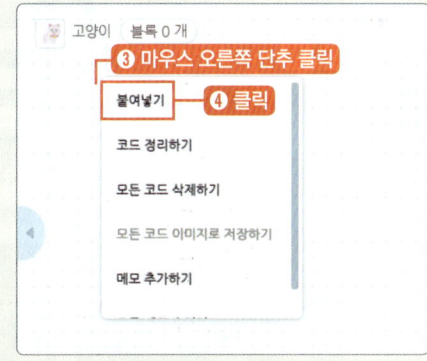

❼ 같은 방법으로 [곰(1)] 오브젝트에 블록 코드를 붙여넣고 고양이와 곰 오브젝트의 이동 속도를 수정하세요.
※ [고양이] – 이동 방향으로 움직이기(9), [곰(1)] – 이동 방향으로 움직이기(7)

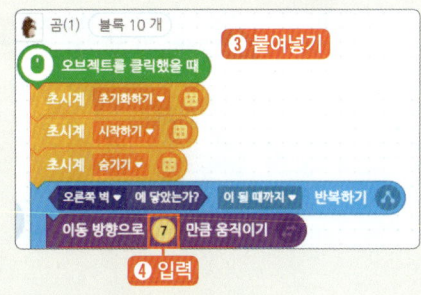

❽ ▶시작하기 를 클릭한 다음 동물들의 달리기 결과를 확인해 보세요.

CHAPTER 17 어린이 코딩 17일차

손으로 배우는 어린이 코딩

01 QR 코드처럼 생긴 미로를 탈출해 보세요.

- 준비물 : 연필

02 ① ◆, ★, ♣, ●, ♥ 모양 위치의 x-y 좌표 값을 확인하여 적어보세요.
② x-y 좌표 값을 원하는 색으로 채우세요.

– 준비물 : 연필

① x-y 좌표 값 적기

▣ x : 2 , y : 1
◆
★
♣
●
♥

② x-y 좌표 색 채우기

x : 5, y : 8   x : -7, y : -4
x : -5, y : 10   x : 8, y : -1
x : 3, y : 9   x : 6, y : 8

① x-y 좌표 값 적기

▣ x : -7 , y : 5
◆
★
♣
●
♥

② x-y 좌표 색 채우기

x : 3, y : 10   x : 8, y : -8
x : -7, y : 2   x : 1, y : 10
x : -5, y : 9   x : -2, y : -7

| 03 | 아래 이미지를 참고하여 도형(▲, ●, ■, ■)의 개수를 맞춰본 후 전체 도형의 개수를 적어 보세요. |

– 준비물 : 연필

엔트리로 블록 코딩하기

■ 불러올 파일 : 엔트리 17일차.ent   ■ 완성된 파일 : 엔트리 17일차(완성).ent

01 신호와 변수 추가하기

❶ [속성] 탭에서 변수를 선택하고 <변수 추가하기> 단추를 클릭하여 2개의 변수를 추가합니다. 이어서, 신호를 선택하고 <신호 추가하기> 단추를 클릭하여 2개의 신호를 추가하세요.

※ 변수 추가하기(첫 번째 수, 두 번째 수)
　　신호 추가하기(두 번째 수, 정답)

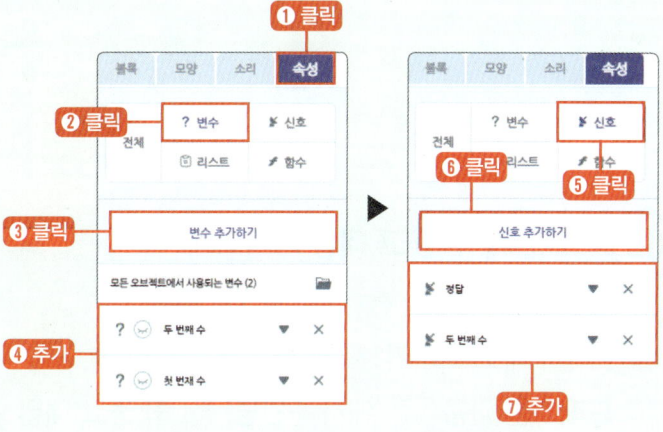

02 첫 번째 수 묻고 대답 기다리기

❶ [묶음] 네모 스티커2] 오브젝트를 클릭한 후, 시작에서 [시작하기 버튼을 클릭했을 때] 블록을 블록 조립소로 드래그한 다음 자료에서 [대답 '숨기기']와 ['안녕!'을(를) 묻고 대답 기다리기]블록을 블록 조립소로 드래그하고 수정해서 연결하세요.

※ 묻고 대답 기다리기(첫 번째 수를 입력해줘.)

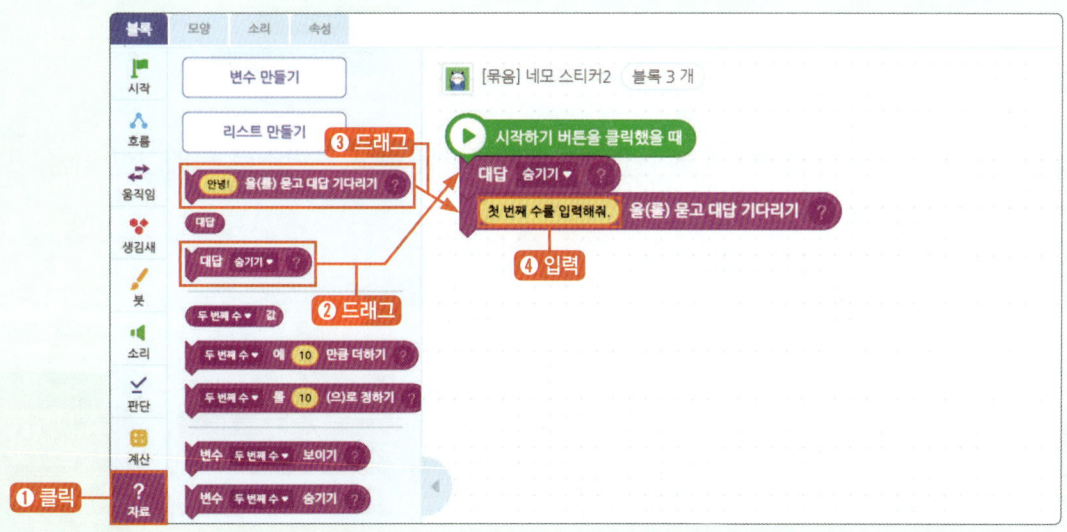

❷ [?자료]에서 ['두 번째 수'를 '10'(으)로 정하기]와 [▶시작]에서 ['정답' 신호 보내기]블록을 블록 조립소로 드래그하고 ['두 번째 수' 신호 보내기]로 수정해서 연결하세요.

※ '첫 번째 수'를 '대답' (으)로 정하기

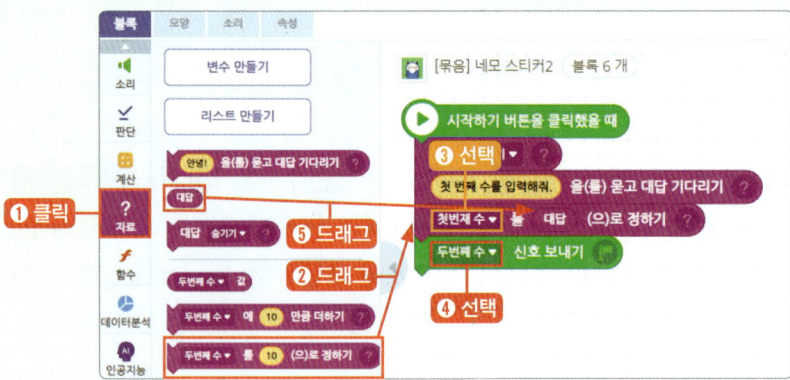

03 ▶ 두 번째 수 묻고 대답 기다리기

❶ [묶음] 네모 스티커1 오브젝트를 클릭한 후, [▶시작]에서 ['정답' 신호를 받았을 때] 블록을 블록 조립소로 드래그한 다음 [?자료]에서 ['안녕!'을(를) 묻고 대답 기다리기]와 ['두 번째 수'를 '10'(으)로 정하기] 블록을 블록 조립소로 드래그하여 다음과 같이 수정하고 연결하세요.

※ 묻고 대답 기다리기(두 번째 수를 입력해줘.)
'두 번째 수'를 '대답' (으)로 정하기

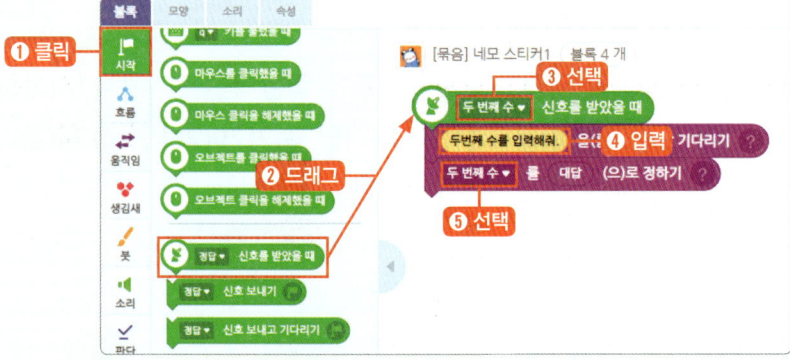

❷ [생김새]에서 ['안녕!'을(를) '4'초 동안 말하기] 블록을 블록 조립소로 드래그한 다음 [▶시작]에서 ['정답' 신호 보내기] 블록을 연결하세요.

※ 말하기(정답은???????, 2초)

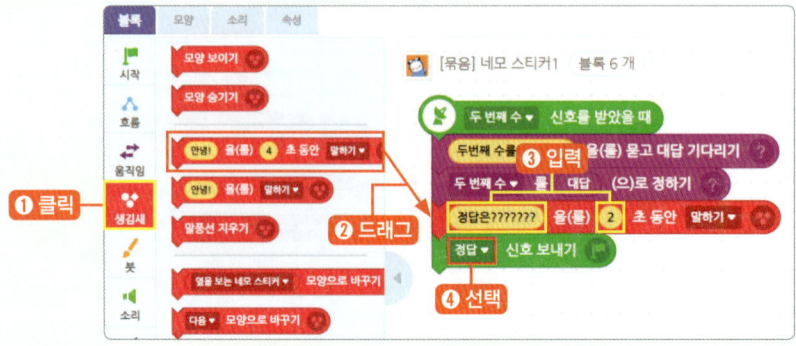

04 곱하기 정답 말하기

❶ [묶음] 네모 스티커] 오브젝트를 클릭한 후, 🏁 시작 에서 ['정답' 신호를 받았을 때] 블록을 블록 조립소로 드래그한 다음 ❓자료 에서 [대답 '숨기기'] 블록을 연결하세요.

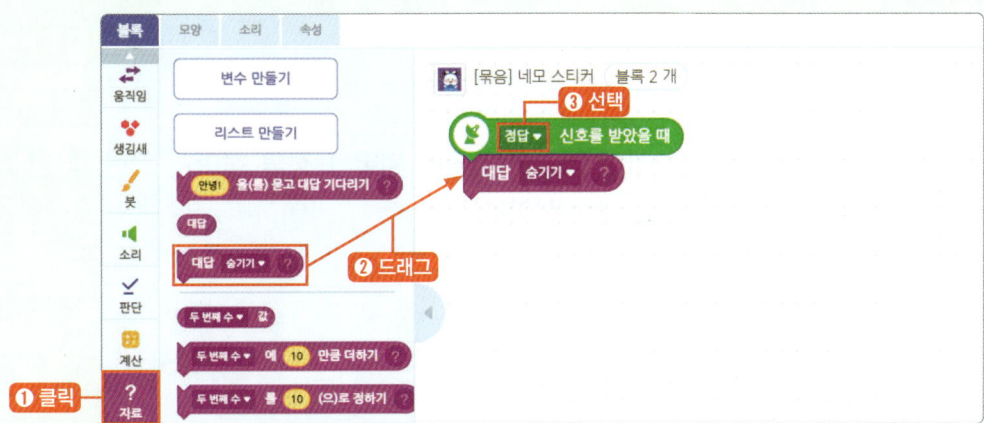

❷ 생김새 에서 [크기를 '10' 만큼 바꾸기] 블록을 블록 조립소로 드래그한 다음 [대답 '숨기기'] 블록 아래쪽에 연결하세요. 이어서, ['안녕!'을(를) '4'초 동안 말하기] 블록을 계산, 자료 에서 다음과 같이 조립하여 연결하세요.

※ 크기 바꾸기(30), 말하기(첫 번째수 값 × 두 번째수 값, 2초)

❸ ▶시작하기 를 클릭한 다음 곱하기 계산이 잘 되는지 확인해 보세요.

CHAPTER 18 어린이 코딩 18일차

손으로 배우는 어린이 코딩

01 아래 이미지를 참고하여 각각의 곰돌이 얼굴 표정을 찾아서 그린 후 한 개의 얼굴 표정이 몇 번 반복해서 나오는지 개수도 함께 적어보세요.

– 준비물 : 연필, 색연필

02 조건을 확인한 후 빈 칸에 들어갈 이미지를 찾아서 그려보세요.

- 준비물 : 연필, 색연필

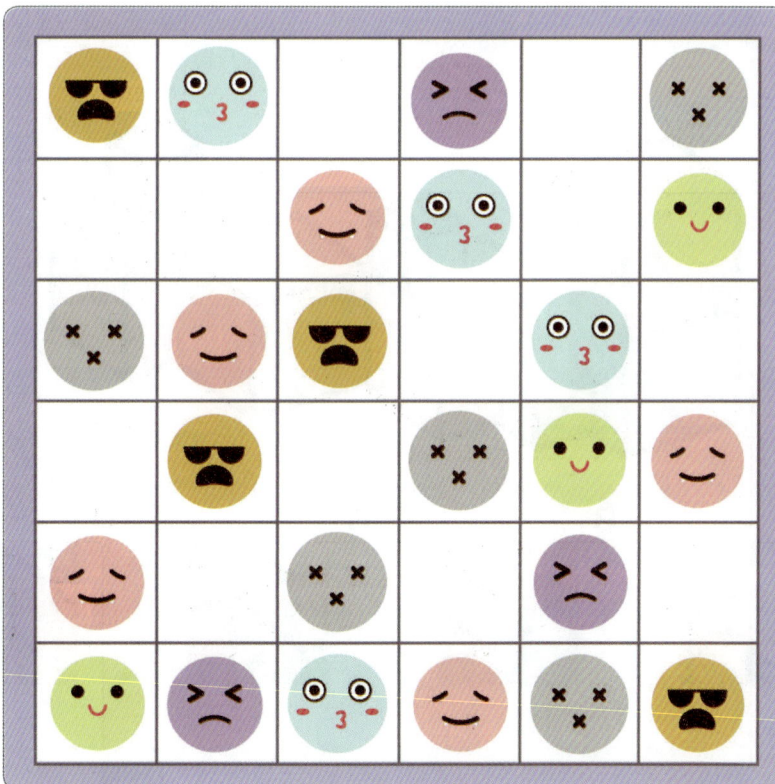

03 아래 이미지를 참고하여 물음표(?)에 들어갈 이미지를 찾아보세요.

– 준비물 : 연필

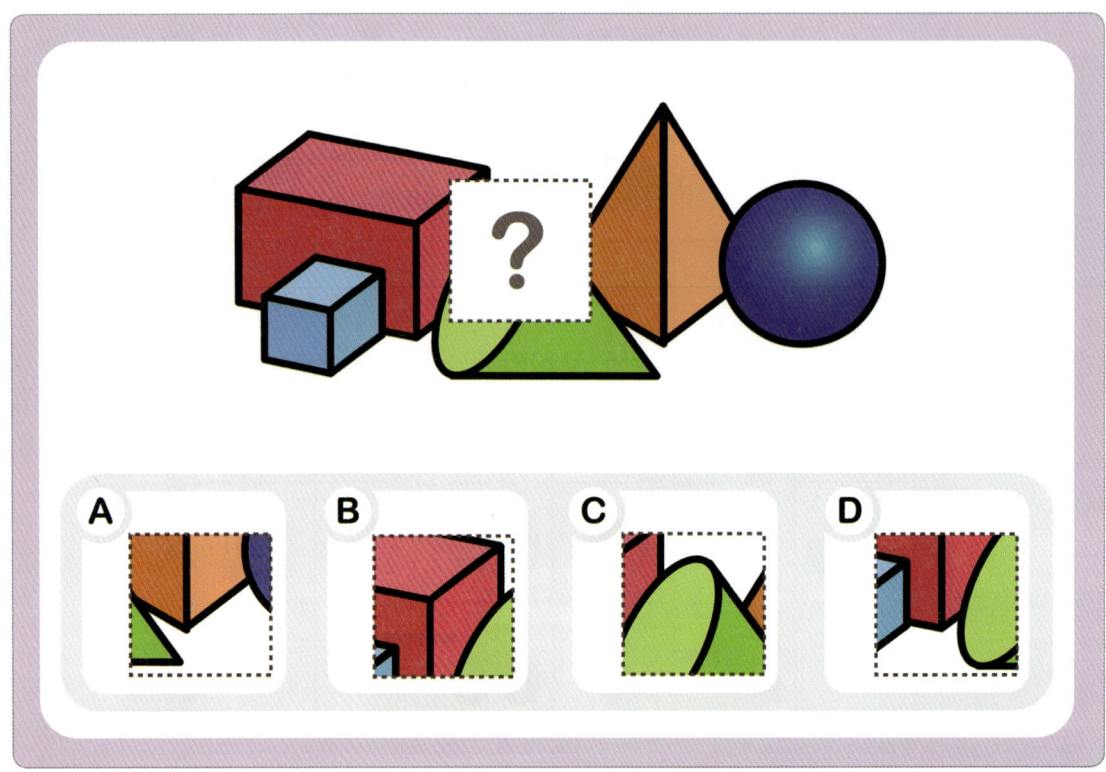

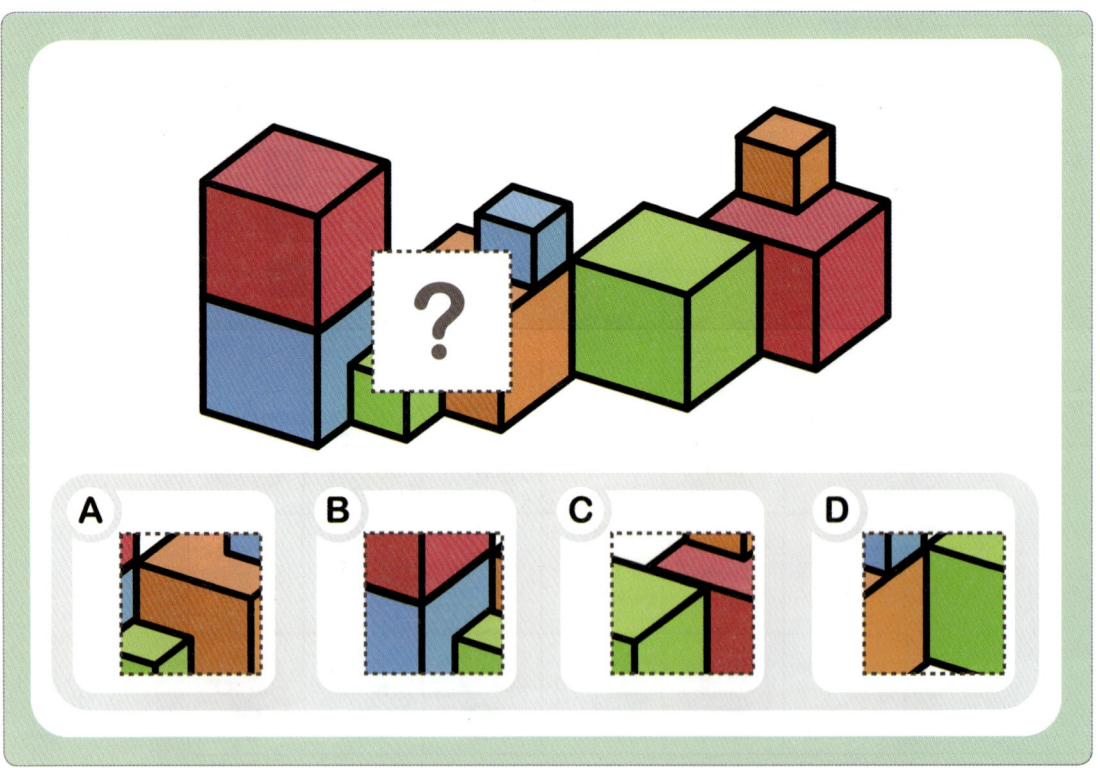

엔트리로 블록 코딩하기

■ 불러올 파일 : 엔트리 18일차.ent   ■ 완성된 파일 : 엔트리 18일차(완성).ent

01 신호 만들기

❶ 블록 꾸러미에서 <신호 만들기> 단추를 클릭하세요.

❷ 신호 이름 '쏘기'를 입력한 다음 <신호 추가> 단추를 클릭하세요. 이어서, '쏘기' 신호가 추가된 것을 확인합니다.

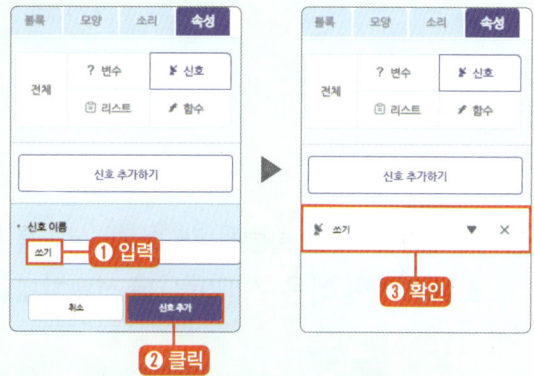

02 [룰렛 화살표] 오브젝트 움직이기

❶ [룰렛 화살표] 오브젝트에 [시작하기 버튼을 클릭했을 때] 블록 아래 [계속 반복하기] 블록을 연결해 보세요. 이어서, [만일 '참' (이)라면] 블록을 계속 반복하기 안쪽에 연결해 보세요.

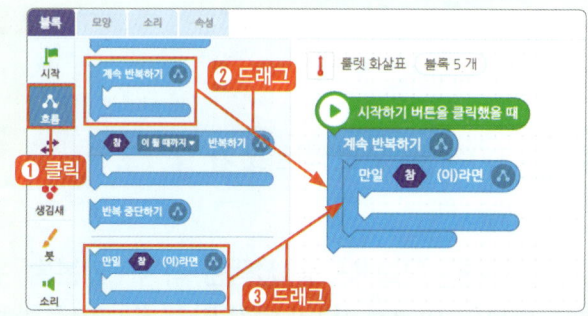

❷ 〔판단〕에서 ['q' 키가 눌러져 있는가?] 블록을 '참'에 연결하고 '왼쪽 화살표'를 선택해 보세요.

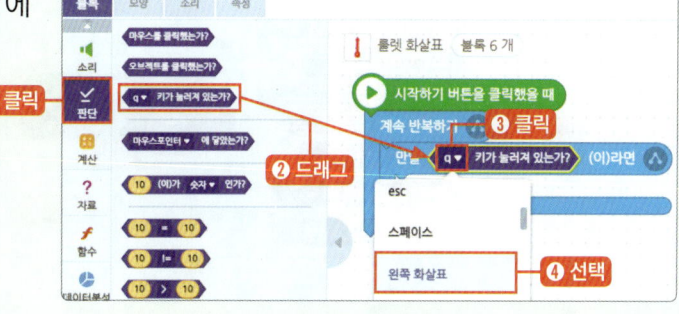

CHAPTER 18 어린이 코딩 18일차 **111**

❸ [움직임]에서 [방향을 '90' 만큼 회전하기] 블록을 조건 블록 안쪽에 연결한 다음 방향의 숫자를 '-1'로 변경해 보세요

❹ 같은 방법으로 '오른쪽 화살표'를 눌렀을 때 방향을 '1' 만큼 회전하도록 코딩해 보세요.

※ [코드 복사 & 붙여넣기]를 이용해 보세요.

❺ '스페이스' 키를 눌렀을 때 '쏘기' 신호를 보내기 위해서 [시작]에서 ['q' 키를 눌렀을 때] 블록을 블록 조립소로 이동한 다음 '스페이스'를 선택하세요. 이어서, ['쏘기' 신호 보내기] 블록을 연결해 보세요.

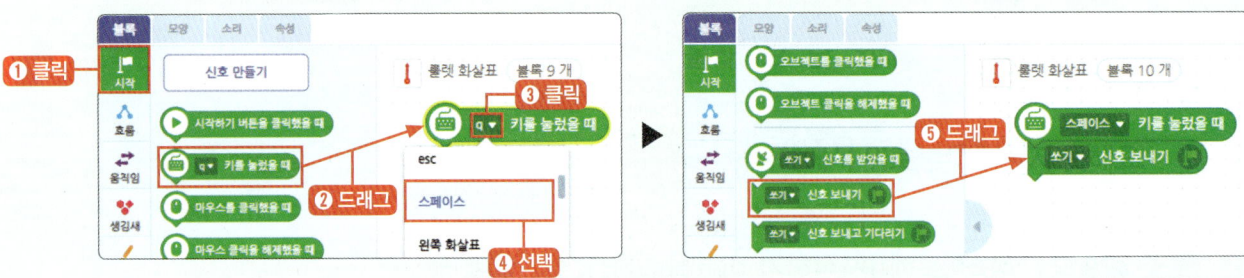

03 [기본별] 오브젝트 쏘기

❶ [기본별] 오브젝트를 선택한 다음 ['기본별' 위치로 이동하기] 블록을 연결하고 '룰렛 화살표'로 변경해 보세요. 이어서, [모양 숨기기] 블록을 연결해 보세요.

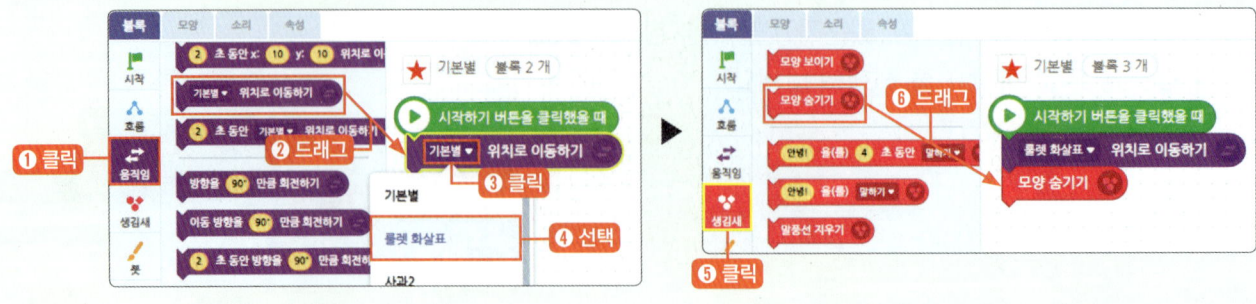

❷ '쏘기' 신호를 받으면 [기본별] 오브젝트가 룰렛 화살표의 방향을 정하기 위해서 ['쏘기' 신호를 받았을 때] 블록을 블록 조립소로 이동해 보세요. 이이서, [이동 방향을 '90°'(으)로 정하기] 블록을 연결해 보세요.

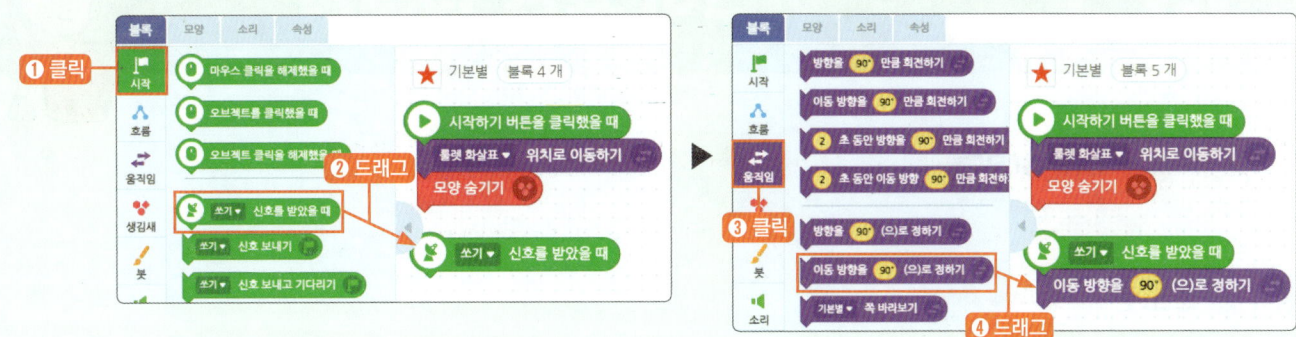

❸ 이동 방향을 룰렛 화살표 이동방향과 같게 하기 위해서 ['기본별'의 'x좌푯값'] 블록을 이동 방향에 연결해 보세요. 이어서, '기본별'은 '룰렛 화살표'로 선택하고 'x좌푯값'은 '방향'을 선택해 보세요.

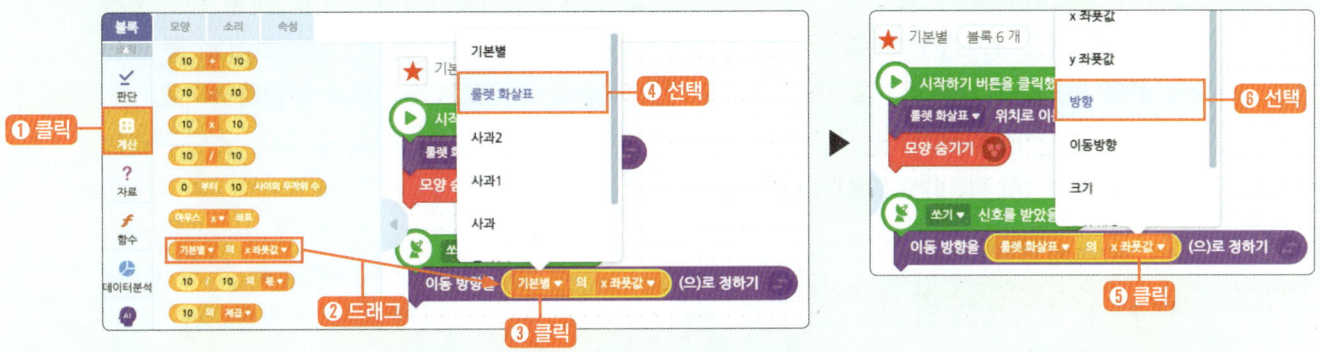

❹ 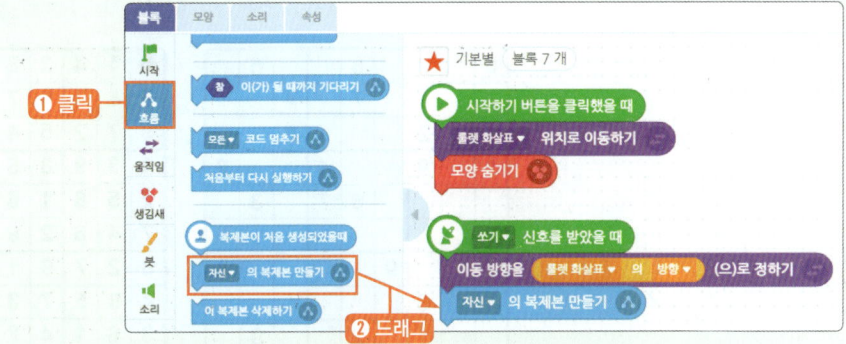 에서 ['자신'의 복제본 만들기] 블록을 연결해 보세요.

❺ 복제본이 만들어지면 모양을 보이면서 움직이는 블록 코드를 확인하세요.

※ [기본별] 오브젝트의 복제본 생성 블록 코드는 미리 만들어져 있어요.

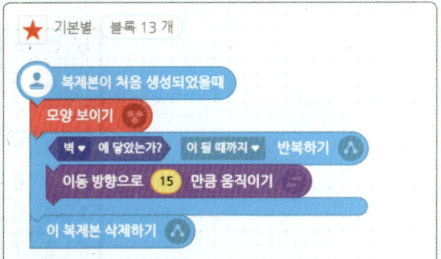

❻ ▶시작하기 를 클릭한 다음 룰렛 화살표를 이동한 다음 사과를 맞춰 보세요.

CHAPTER 19 어린이 코딩 19일차

01 스도쿠

− 준비물 : 연필 − 인원 : 혼자

스도쿠는 가로와 세로가 9칸으로 이루어져 있는 표 안에 1부터 9까지의 숫자를 채워 넣는 숫자 퍼즐 게임이에요. 스도쿠는 스위스 수학자인 레온하르트 오일러가 창안한 Latin Square를 기반으로 하여 1979년에 미국의 건축가인 '하워드 간스'가 현재의 스도쿠 모습으로 변형하였어요. 그 이후 1984년에 '니코리'라는 일본 출판사에서 발행한 '퍼즐 통신 니코리' 잡지에 '스도쿠'라는 이름이 사용되면서 전 세계에 펴져나갔어요.

- **스도쿠 규칙**
  1. 3×3 : 숫자가 1부터 9까지 하나씩만 들어가야 해요.
  2. 가로줄 : 숫자가 1부터 9까지 하나씩만 들어가야 해요.
  3. 세로줄 : 숫자가 1부터 9까지 하나씩만 들어가야 해요.

▲ 스도쿠 문제   ▲ ❶ 3×3 칸

▲ ❷ 가로줄   ▲ ❸ 세로줄

Puzzle 1

6		3	2		1		8	7
9	1				6		3	
		7		4	3			6
4			3					
	7	1		6	9		4	
	9		4			8	7	
		8		2	4	6		
2					7		5	
1				5			2	9

Puzzle 2

6	4	3	9	7				2
8	1				4	9		
		9		8		3		4
	3				5		2	
			1	9	7		6	
	7	6						9
2	8		7					
5				6			2	
				5			1	4

CHAPTER 19 어린이 코딩 19일차

02 도형을 참고하여 물음표(?)에 들어갈 도형을 찾아보세요.

– 준비물 : 연필

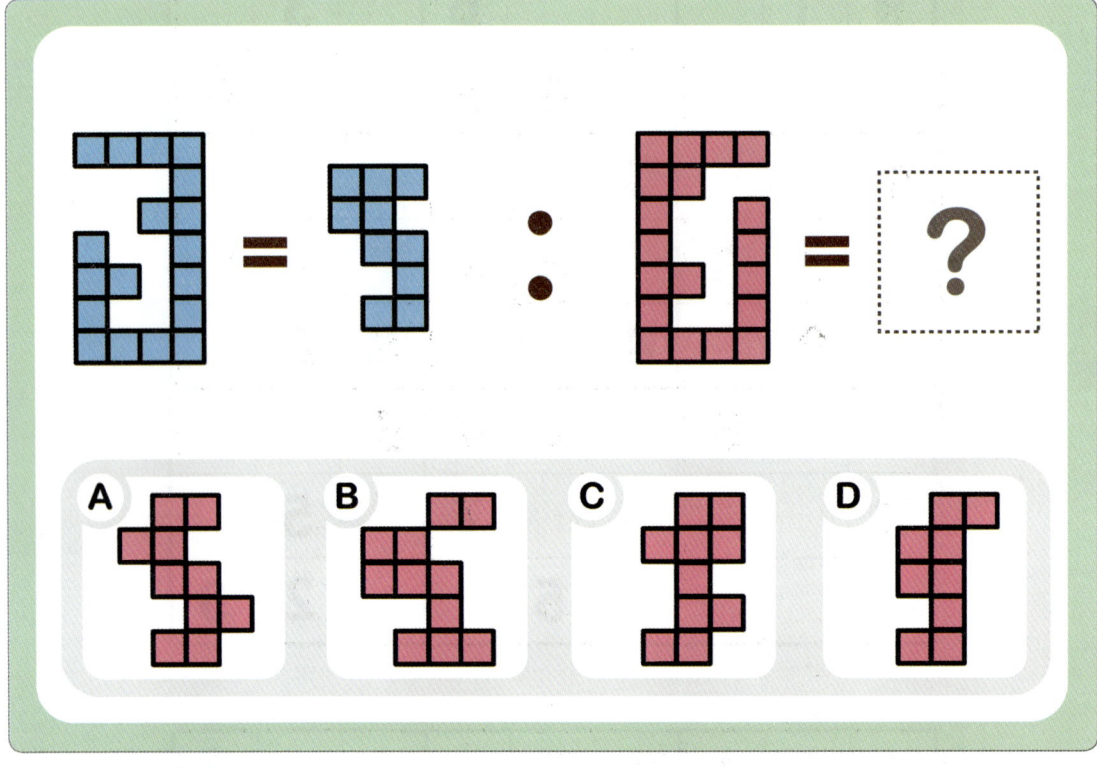

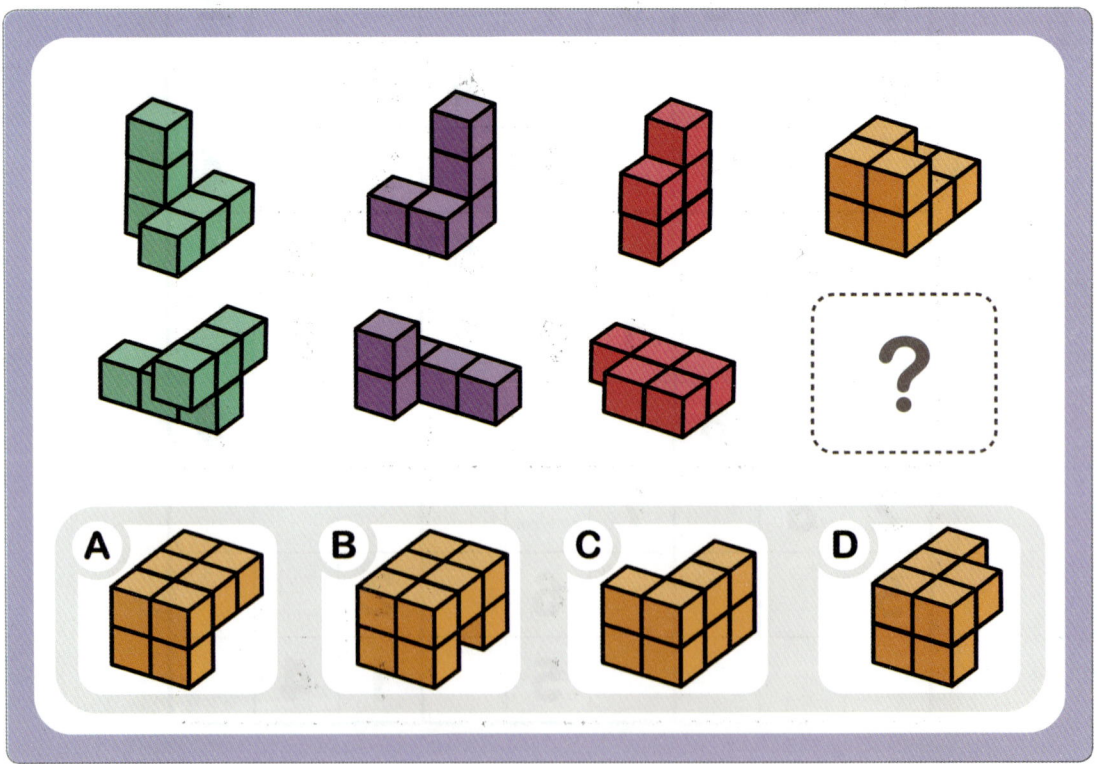

엔트리로 블록 코딩하기

■ 불러올 파일 : 엔트리 19일차.ent   ■ 완성된 파일 : 엔트리 19일차(완성).ent

01 얼굴 스티커 움직이기

❶ [얼굴 스티커] 오브젝트에 [시작하기 버튼을 클릭했을 때] 블록 아래 [계속 반복하기] 블록을 연결해 보세요.

❷ 움직임 에서 [이동 방향으로 '10' 만큼 움직이기], [화면 끝에 닿으면 튕기기] 블록을 반복하기 안쪽에 연결해 보세요. 이어서, 이동 방향으로 움직이기 숫자를 입력해 보세요.
※ 이동 방향으로 움직이기(1)

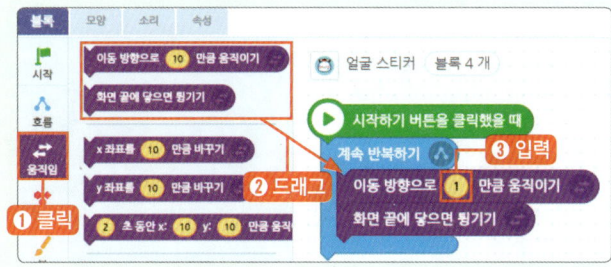

02 얼굴 스티커 위, 아래로 움직이기

❶ [얼굴 스티커] 오브젝트를 따로 움직이기 위해서 [시작하기 버튼을 클릭했을 때] 블록을 블록 조립소로 이동해 보세요.

❷ [계속 반복하기] 블록을 연결해 보세요.

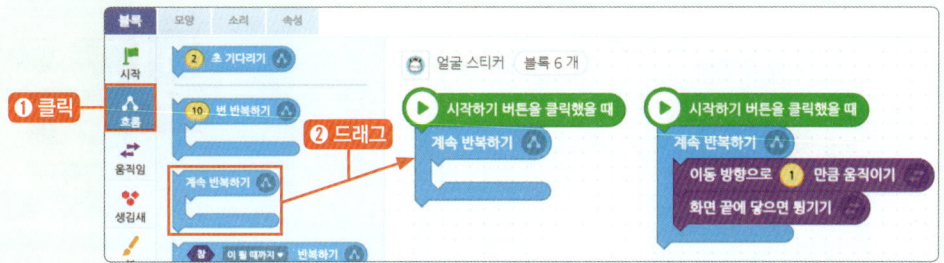

CHAPTER 19 어린이 코딩 19일차

❸ [얼굴 스티커] 오브젝트가 위쪽으로 이동하기 위해서 [y 좌표를 '10' 만큼 바꾸기] 블록을 반복하기 안쪽에 연결하고 y 좌표값에 숫자를 입력해 보세요. 이어서, ['2' 초 기다리기] 블록을 반복하기 안쪽에 연결하고 숫자를 입력해 보세요.

※ y 좌표(2), 기다리기(0.5)

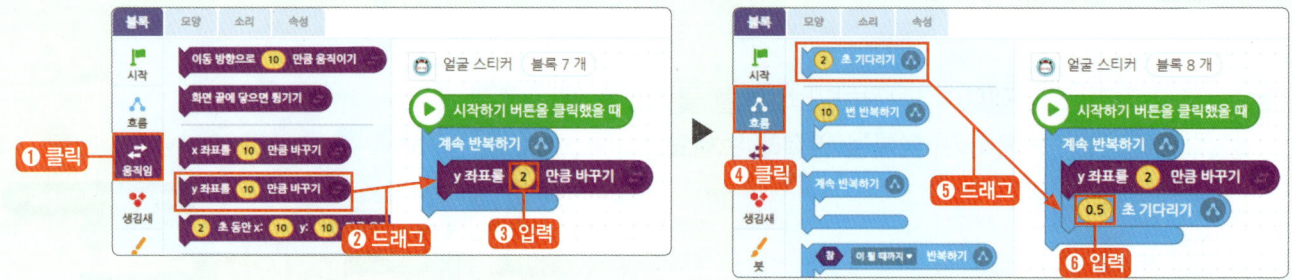

❹ 같은 방법으로 [얼굴 스티커] 오브젝트가 아래쪽으로 이동하기 위해서 블록 코드를 다음과 같이 만들어 보세요.

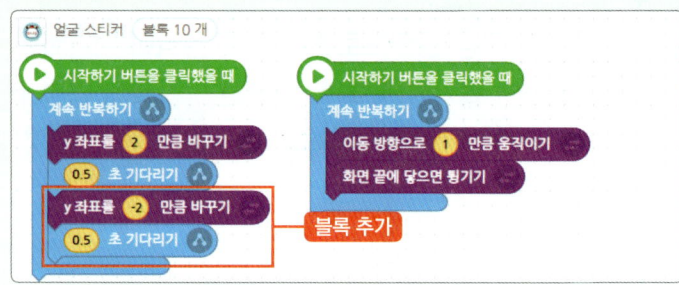

03 오브젝트 클릭 이벤트 만들기

❶ [오브젝트를 클릭했을 때] 블록을 블록 조립소로 이동해 보세요.

❷ ['10' 번 반복하기] 블록을 연결한 다음 숫자를 입력해 보세요.

※ 반복하기(2)

❸ [얼굴 스티커] 오브젝트의 크기가 커지기 위해서 [크기를 '10' 만큼 바꾸기] 블록을 반복하기 안쪽에 연결한 다음 ['2' 초 기다리기] 블록을 연결하고 숫자를 입력합니다.

※ 기다리기(0.1)

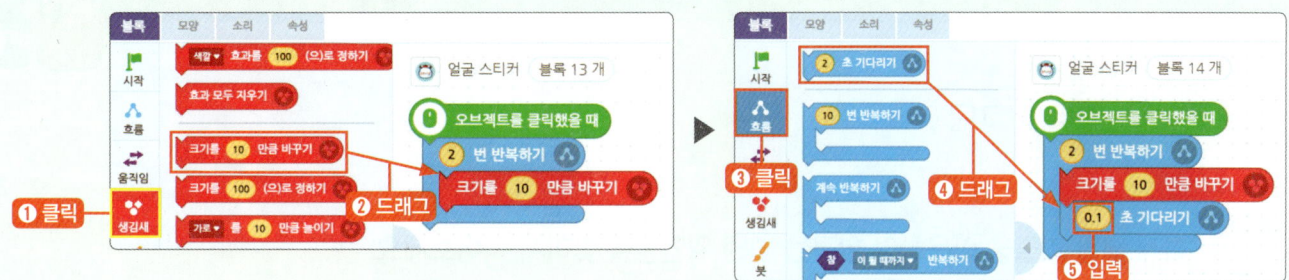

❹ 같은 방법으로 [얼굴 스티커] 오브젝트의 크기가 작아지기 위해서 블록 코드를 다음과 같이 만들어 보세요.

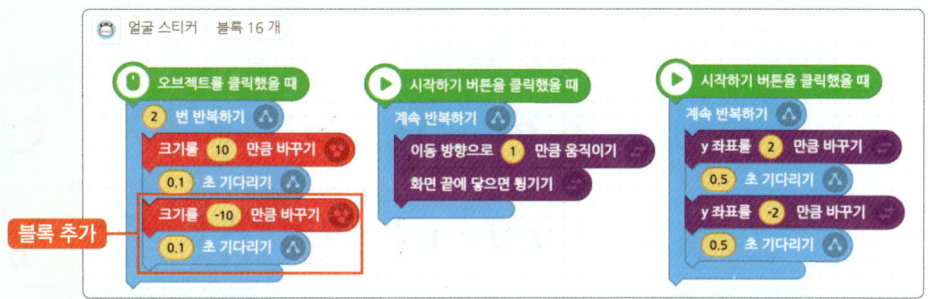

❺ 오브젝트를 클릭하면 말하기를 하고 모양 바꾸기를 하기 위해서 ['안녕'을(를) '4' 초 동안 말하기], ['다음' 모양으로 바꾸기] 블록을 연결해 보세요. 이어서, 말하기 내용과 숫자를 입력하세요.

※ 말하기(변신!, 0.5초)

❻ ▶시작하기 를 클릭한 다음 마우스로 오브젝트를 클릭하면 오브젝트가 바뀌는지 확인해 보세요.

CHAPTER 20 어린이 코딩 20일차

손으로 배우는 어린이 코딩

01 아래 낱말 퍼즐을 이용하여 한국을 빛낸 위인들을 찾아서 적어보세요.

- 준비물 : 연필

안	김	보	몽	정	혁
대	이	영	신	당	영
방	정	세	순	꺽	주
사	임	정	중	환	장
최	이	근	신	임	유
거	신	고	율	조	곡

- 한국을 빛낸 위인들

02 순서도 기호와 작성 내용을 참고하여 횡단보도를 건너는 순서도를 완성시켜 보세요.

– 준비물 : 연필

● 순서도 작성 내용

기다린다, 횡단보도 뒤에 선다, 횡단보도를 건너간다, 신호등을 본다, 초록색인가?

(아니오)

(예)

횡단보도를
건너간다!

03 아래 이미지를 참고하여 사용된 도형의 개수가 맞는 것을 표시해 보세요.

- 준비물 : 연필

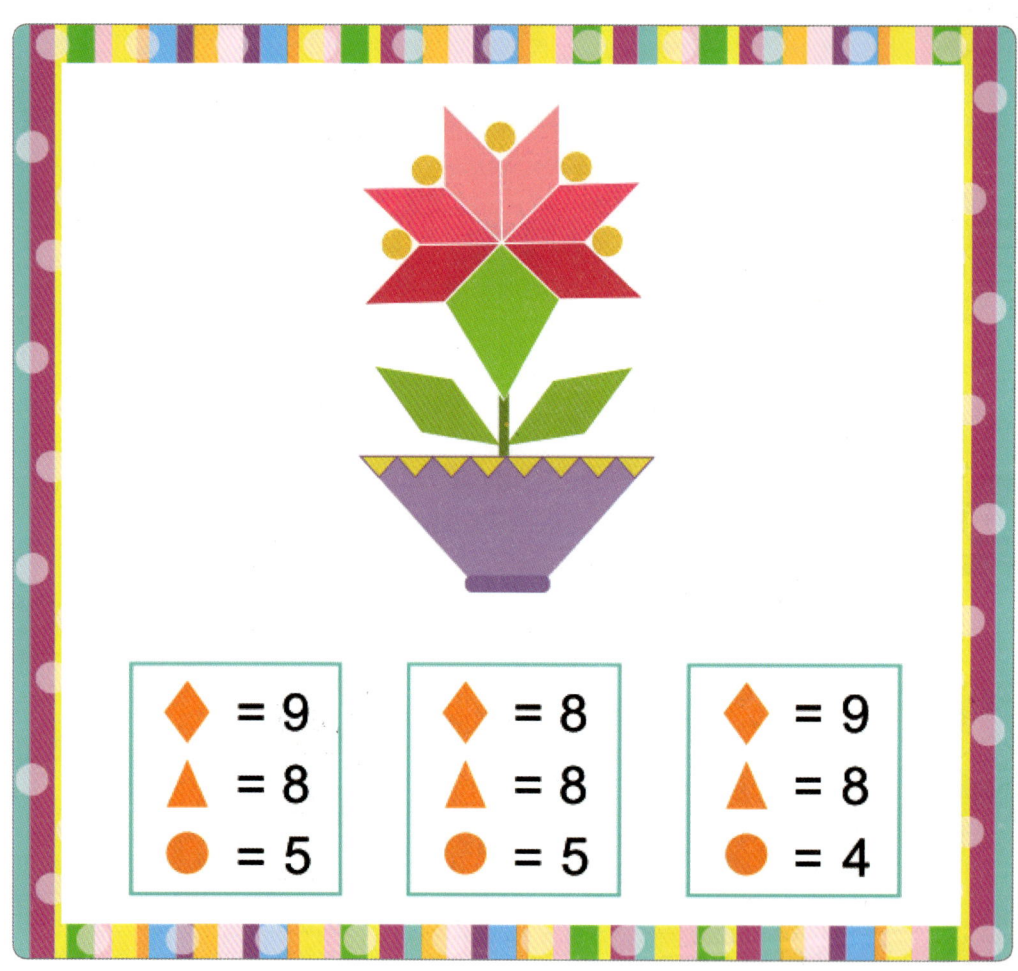

엔트리로 블록 코딩하기

■ 불러올 파일 : 엔트리 20일차.ent   ■ 완성된 파일 : 엔트리 20일차(완성).ent

01 신호 추가하기

❶ [속성] 탭에서 신호를 선택하고 <신호 추가하기> 단추를 클릭하여 '때리기'를 입력한 다음 <신호 추가> 단추를 클릭하세요.

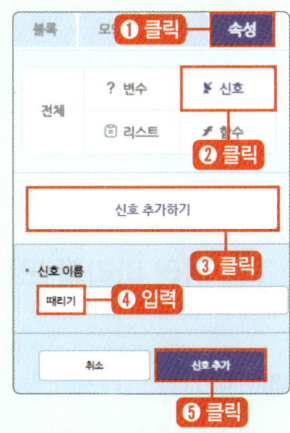

02 모기채로 모기 잡기

❶ 에서 [계속 반복하기] 블록을 블록 조립소로 드래그하세요.

❷ 마우스 포인터와 [모기채] 오브젝트가 같이 움직일 수 있도록 에서 ['모기1' 위치로 이동하기] 블록을 [계속 반복하기] 안쪽에 연결하세요. 이어서, '마우스 포인터'를 선택하세요.

CHAPTER 20 어린이 코딩 20일차 **123**

❸ [시작]에서 [마우스를 클릭했을 때]와 ['때리기' 신호 보내기] 블록을 블록 조립소로 드래그하세요.

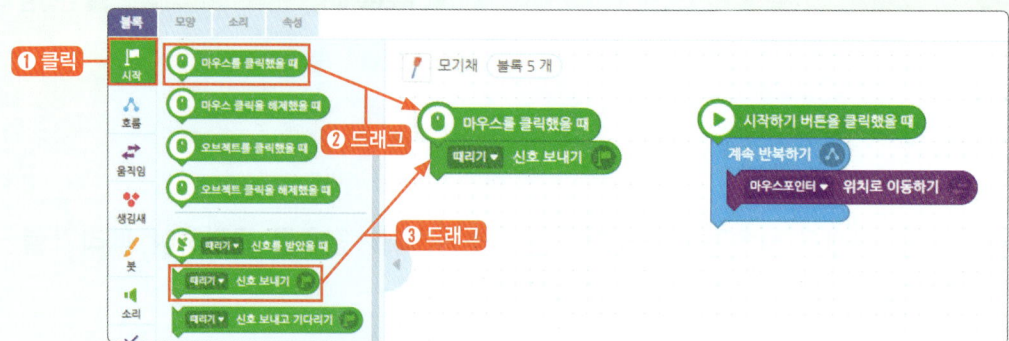

03 여러 마리의 모기 생성하고 모기채에 닿으면 사라지기

❶ [모기1] 오브젝트를 클릭한 후, [흐름]에서 ['10'번 반복하기] 블록을 블록 조립소로 드래그한 다음 [움직임]에서 ['2'초 동안 x:'10' y:'10' 위치로 이동하기] 블록을 블록 조립소로 드래그하세요.

❷ [계산]에서 ['0'부터 '10'사이의 무작위 수]를 2번 드래그 하여 ['2'초 동안 x:'10' y:'10' 위치로 이동하기]의 x와 y의 좌표 값에 연결하고 값을 수정하세요. 이어서, [흐름]을 클릭하여 ['자신'의 복제본 만들기]를 ['10'번 반복하기] 블록을 안쪽에 연결하세요.

※ 이동하기(0.5초), x 무작위 수(-200, 200), y 무작위 수(-100, 100)

❸ 　에서 ['때리기' 신호를 받았을 때] 블록을 블록 조립소로 드래그하세요. 이어서, 　에서 [만일 '참'(이)라면] 블록을 다음과 같이 연결하세요.

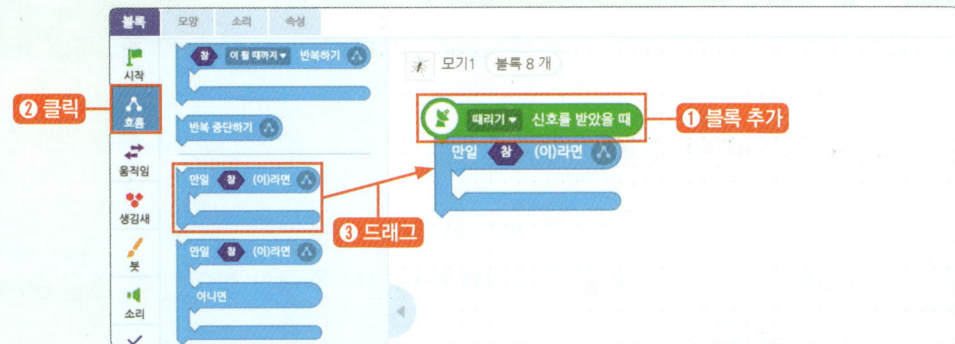

❹ 　에서 ['마우스포인터'에 닿았는가?] 블록을 조건 블록 '참'에 연결하세요. 이어서, 목록에서 '모기채'를 선택하세요.

❺ 모기채에 닿으면 모기를 숨기기 위해서 　에서 [모양 숨기기] 블록을 [만일 '모기채'에 닿았는가? (이)라면] 안쪽에 연결하세요.

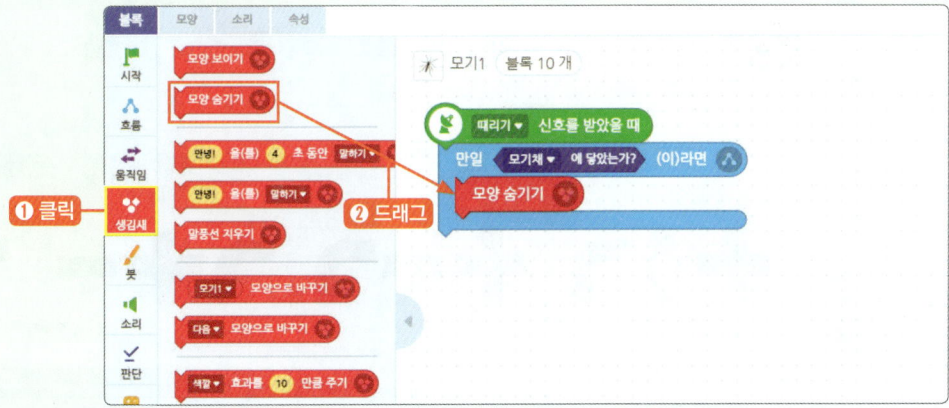

❻ 　시작하기　를 클릭한 다음 모기채로 모기를 잘 잡을 수 있는지 확인해 보세요.

CHAPTER 21 어린이 코딩 21일차

손으로 배우는 어린이 코딩

01 알파벳을 시작점으로 하여 파이프가 연결된 순서를 확인한 후 연결 순서에 맞는 이미지를 찾아서 알파벳을 적어보세요.

– 준비물 : 연필

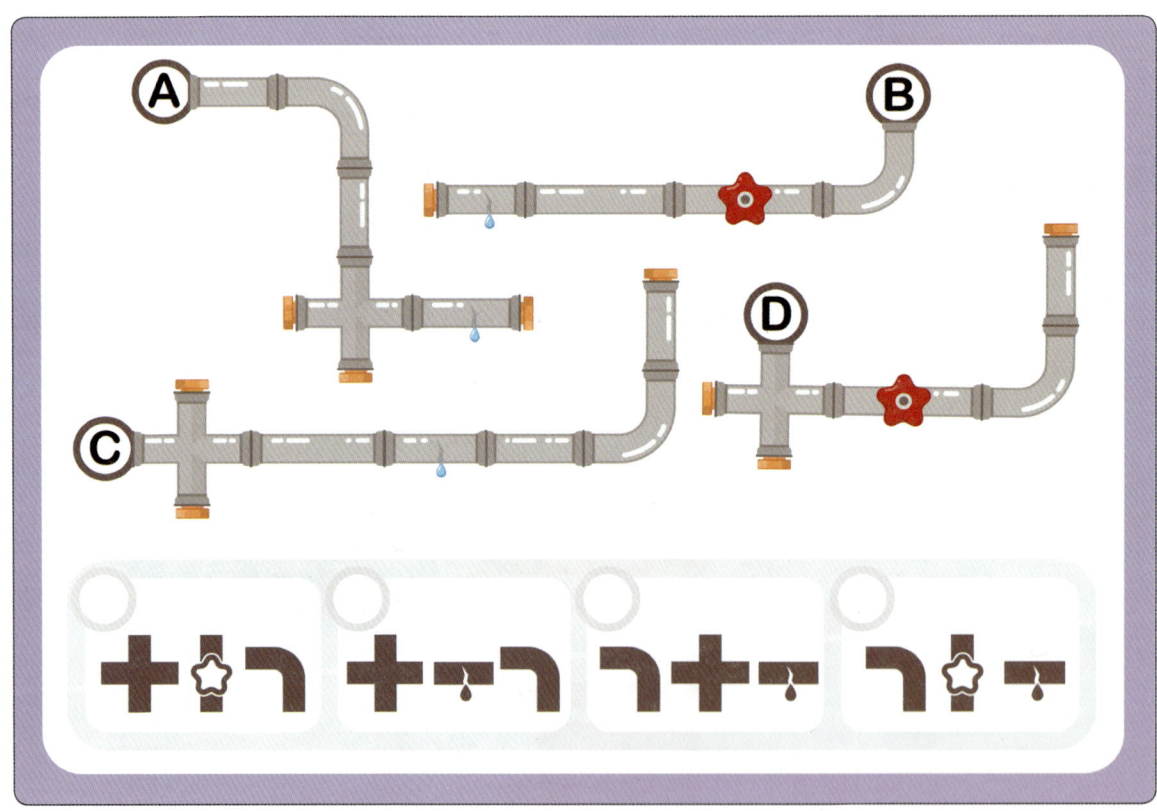

02 아래 이미지에 맞게 도형의 조각을 맞춰보세요. 단, 뒤쪽 [부록 CHAPTER 21]의 도형 조각을 가위로 오려서 사용하세요.

– 준비물 : 가위

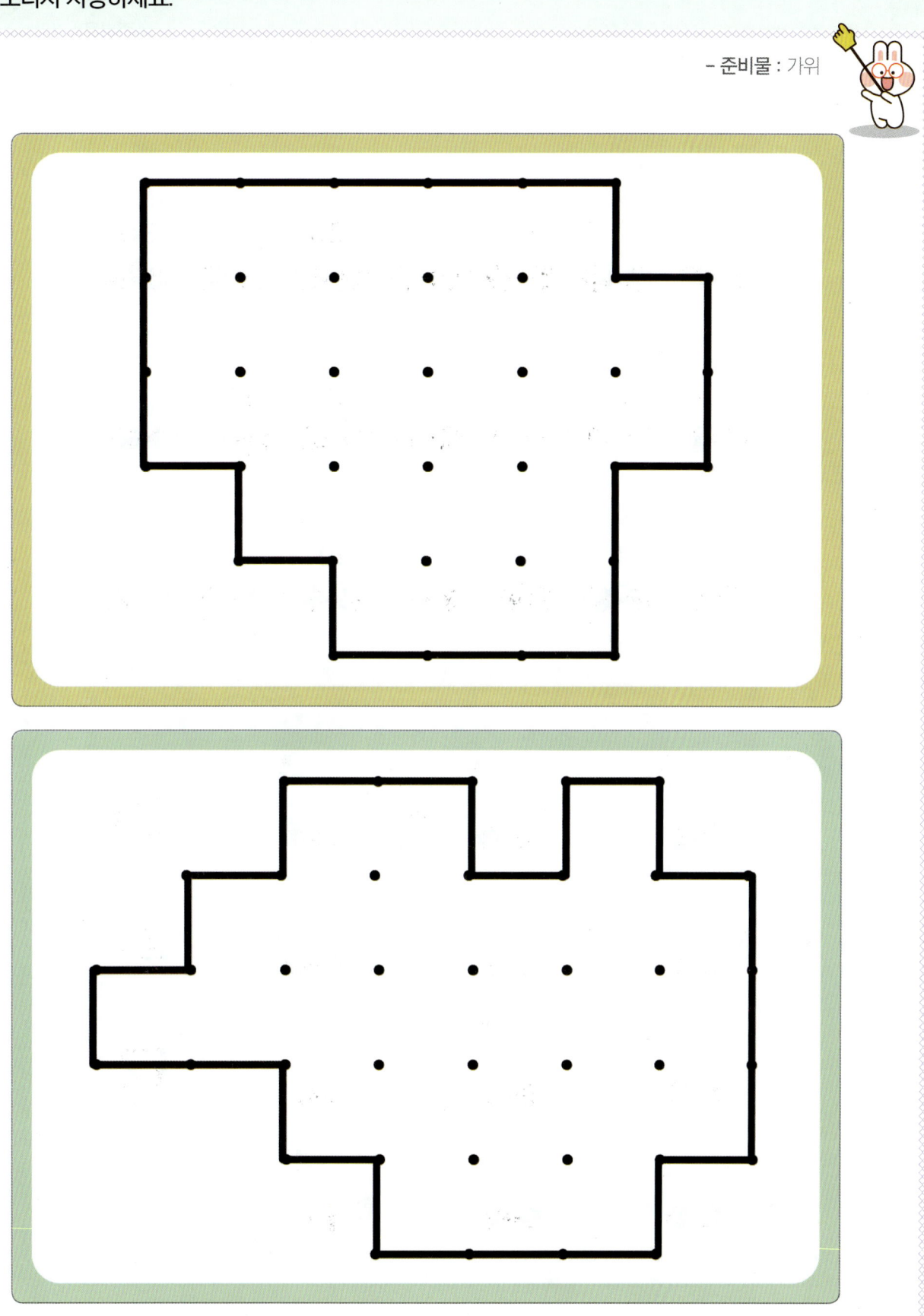

03 숫자 패턴을 확인하여 빈 칸에 들어갈 값을 적어보세요

- 준비물 : 연필

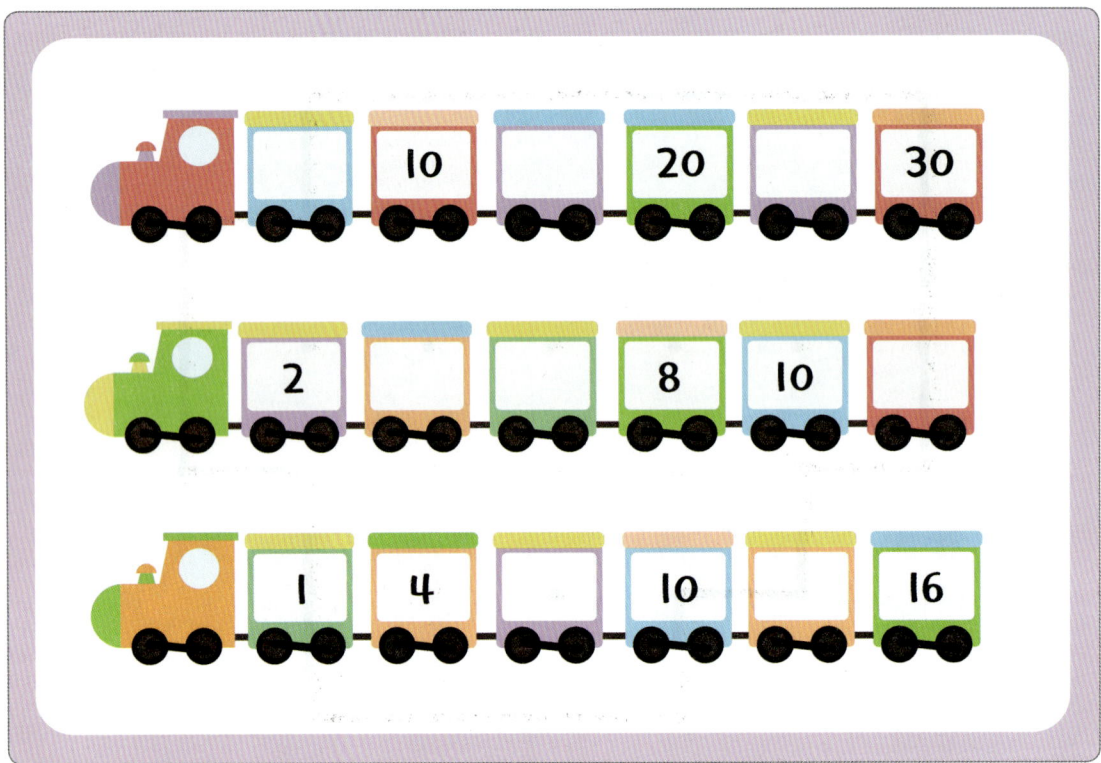

엔트리로 블록 코딩하기

■ 불러올 파일 : 엔트리 21일차.ent   ■ 완성된 파일 : 엔트리 21일차(완성).ent

01 엔트리봇 걷기

❶ [[묶음] 걷는 모습] 오브젝트를 클릭한 후, [흐름]에서 [계속 반복하기] 블록을 블록 조립소로 드래그하세요.

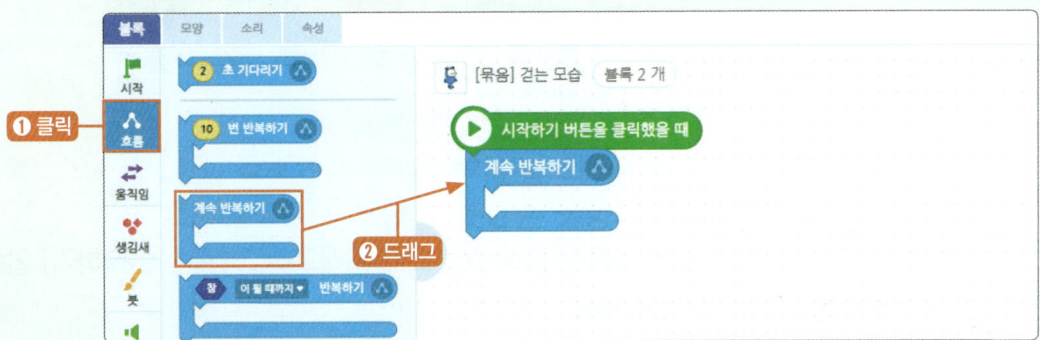

❷ 엔트리봇이 이동하고 화면 끝에 닿으면 반대로 움직이기 위해서 [움직임]에서 [이동 방향으로 '10'만큼 움직이기]와 [화면 끝에 닿으면 튕기기] 블록을 [계속 반복하기] 안쪽에 연결하세요.

※ 이동 방향(20)

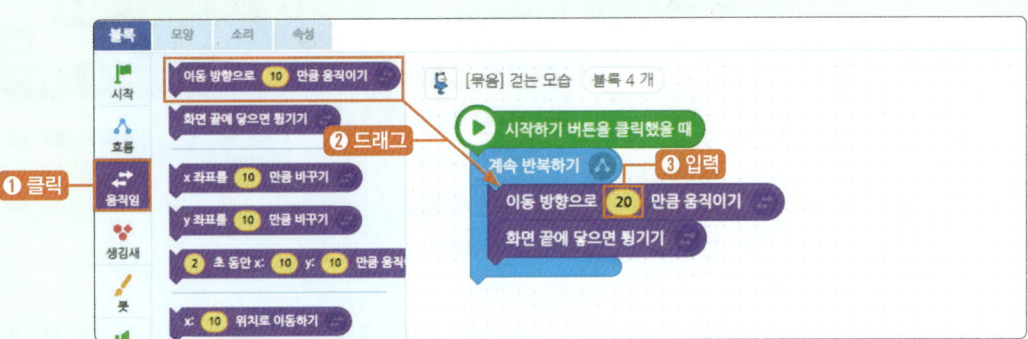

❸ 엔트리봇이 걸어가는 모습을 만들기 위해서 [생김새]에서 ['다음' 모양으로 바꾸기]와 [흐름]에서 ['2'초 기다리기] 블록을 [계속 반복하기] 안쪽에 연결하세요.

※ 기다리기(0.1초)

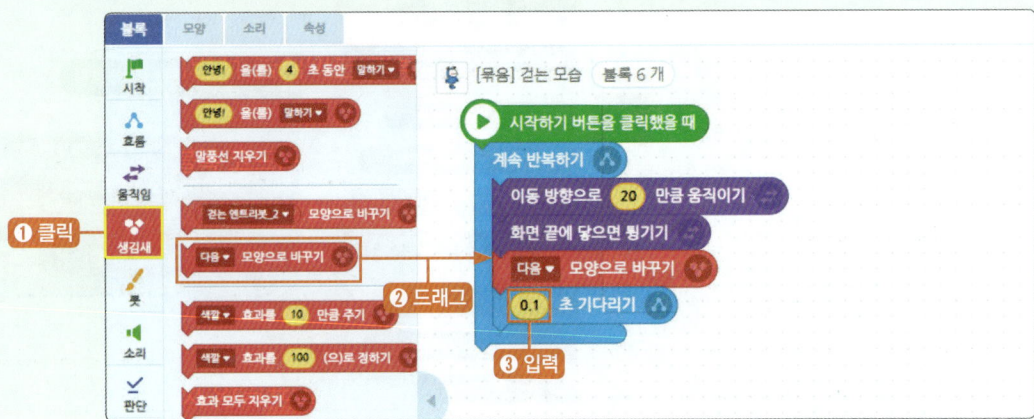

02 강아지가 엔트리봇을 만나면 따라가기

❶ [강아지] 오브젝트를 클릭한 후, [호름]에서 [계속 반복하기] 블록을 블록 조립소로 드래그하세요.

❷ [호름]에서 [만일 '참' (이)라면] 블록을 블록 조립소로 드래그하고 [계속 반복하기] 안쪽에 연결하세요. 이어서, 조건을 다음과 같이 수정하세요.

※ 조건([묶음] 걷는 모습에 닿았는가?)

❸ [강아지] 오브젝트가 엔트리봇 쪽을 바라보고 이동하면서 화면 끝에 닿으면 반대로 움직이기 위해 [움직임]에서 ['강아지' 쪽 바라보기], ['강아지' 위치로 이동하기], [화면 끝에 닿으면 튕기기] 블록을 [만일 '[묶음] 걷는 모습'에 닿았는가? (이)라면] 안쪽에 연결한 후, 수정하세요.

❹ 　에서 ['다음' 모양으로 바꾸기] 블록과 　에서 ['2'초 기다리기] 블록을 [만일 '묶음] 걷는 모습'에 닿았는가? (이)라면] 안쪽에 연결하세요.

※ 기다리기(0.1)

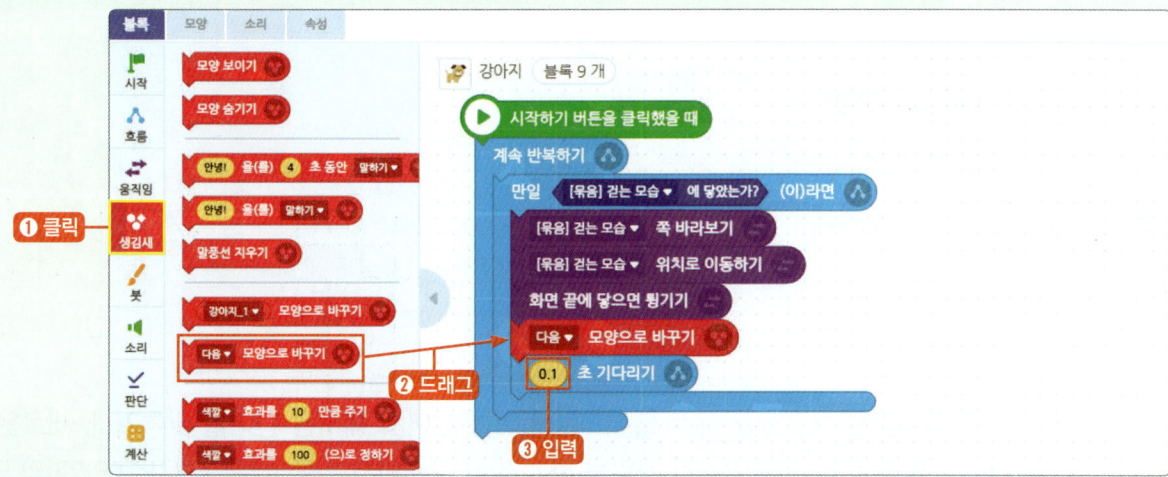

❺ ▶ 시작하기 를 클릭한 다음 강아지가 엔트리봇을 따라다니는지 확인해 보세요.

CHAPTER 22 어린이 코딩 22일차

눈으로 배우는 어린이 코딩

01 단어 맞추기 게임

– 준비물 : 가위   – 인원 : 혼자

단어 맞추기 게임은 가로 5줄, 세로 5줄로 된 종이를 접어서 제시된 단어를 맞추거나, 새로운 단어를 찾는 게임이에요. 단어 맞추기 게임을 하기 위해서는 먼저 뒤쪽 [부록 CHAPTER 22]의 단어 맞추기를 가위로 오리세요. 이어서, 가로와 세로 선에 맞추어 한 번씩 접어주세요.

※ 주의 : [부록 CHAPTER 22]는 손으로 뜯을 수 없기 때문에 안쪽의 점선에 맞추어 가위로 오려서 사용하세요.

- **똑같은 단어 맞추기 게임**
  1. 교재에 제시된 단어를 확인하세요.
  2. 똑같은 단어가 나오도록 종이를 접어보세요.
  3. 교재에 없는 새로운 단어를 찾아서 적어보세요.
     - 예 : 나이, 우유, 대구, 부하, 모공, 이마, 우대, 우정 등

장마   장어   사전
전   이
부   사

종이를 접어 단어를 맞추는 방법

- **단어 맞추기 주의 사항!!**

  글자가 뒤집어진 경우에는 정상적인 단어가 아니기 때문에 다시 종이를 접어서 찾아보세요.

CHAPTER 22 어린이 코딩 22일차

02 그림에 맞는 색상을 연결해 보세요.

– 준비물 : 연필

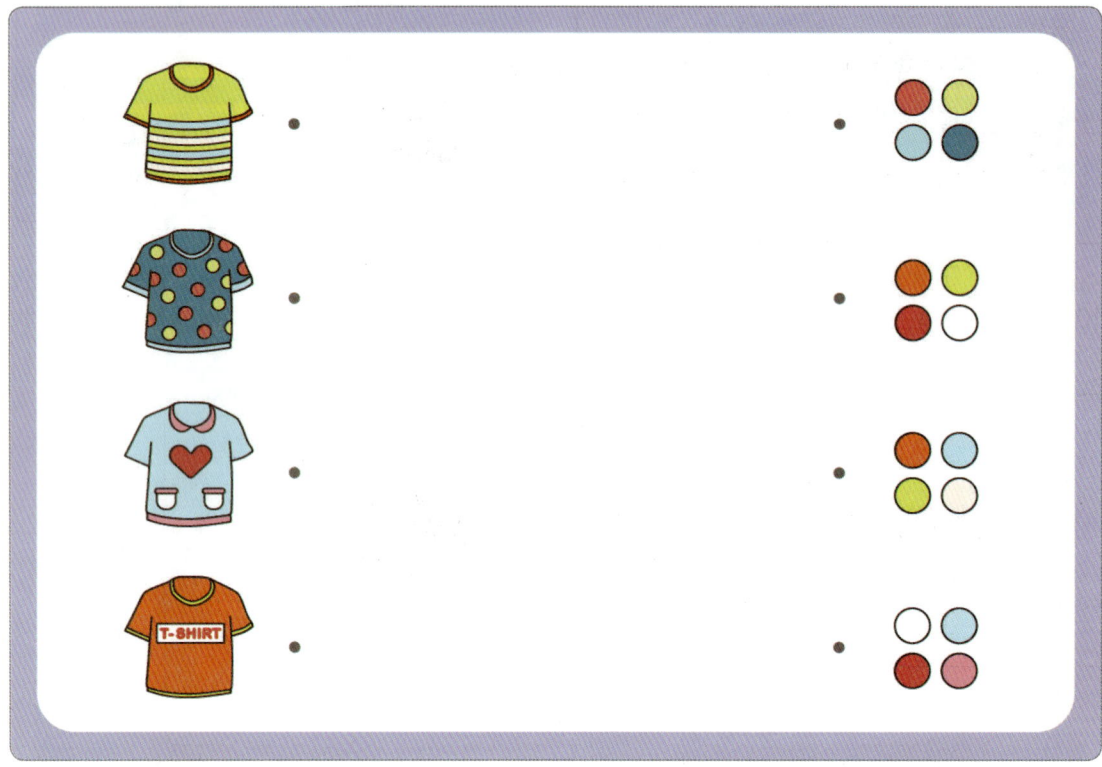

엔트리로 블록 코딩하기

■ 불러올 파일 : 엔트리 22일차.ent   ■ 완성된 파일 : 엔트리 22일차(완성).ent

01 자동차 움직이는 단계 만들기

❶ [빨간 자동차] 오브젝트에 [시작하기 버튼을 클릭했을 때] 블록 아래 ['안녕'을(를) 묻고 대답 기다리기] 블록을 연결해 보세요.

※ 묻고 대답 기다리기(자동차의 속도 단계를 입력하세요.(1에서 3까지))

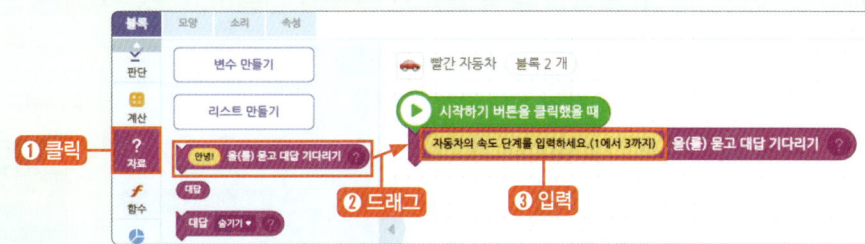

❷ [계속 반복하기] 블록을 연결해 보세요.

❸ 자동차가 화면 끝에 닿으면 반대로 움직이기 위해서 [움직임]에서 [화면 끝에 닿으면 튕기기] 블록을 반복하기 안쪽에 연결해 보세요.

❹ 자동차의 움직이는 단계를 말하기 위해서 [생김새]에서 ['안녕!'을(를) 말하기] 블록을 반복하기 안쪽에 연결해 보세요.

CHAPTER 22 어린이 코딩 22일차 **135**

❺ 대답한 내용을 연결하기 위해서 [계산]에서 ['10'+'10'] 블록을 말하기에 연결해 보세요.

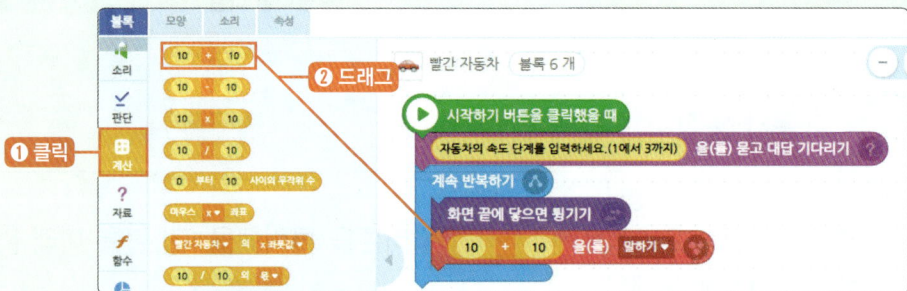

❻ [자료]에서 [대답] 블록을 수식 블록의 왼쪽에 연결하고 오른쪽에는 '단계'를 입력해 보세요.

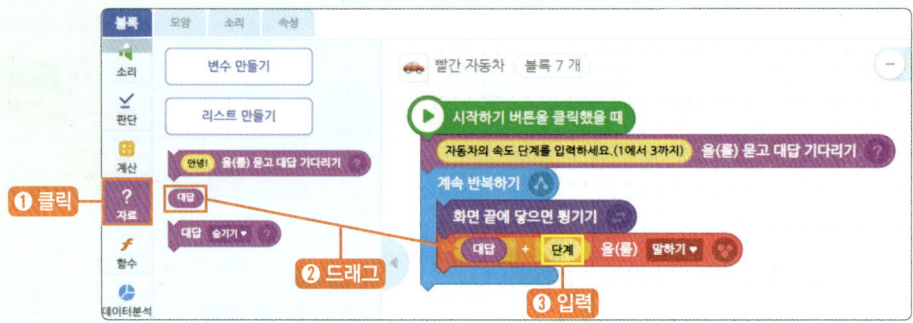

❼ 단계를 확인하기 위해서 [흐름]에서 [만일 '참' (이)라면] 블록을 반복하기 안쪽에 연결해 보세요.

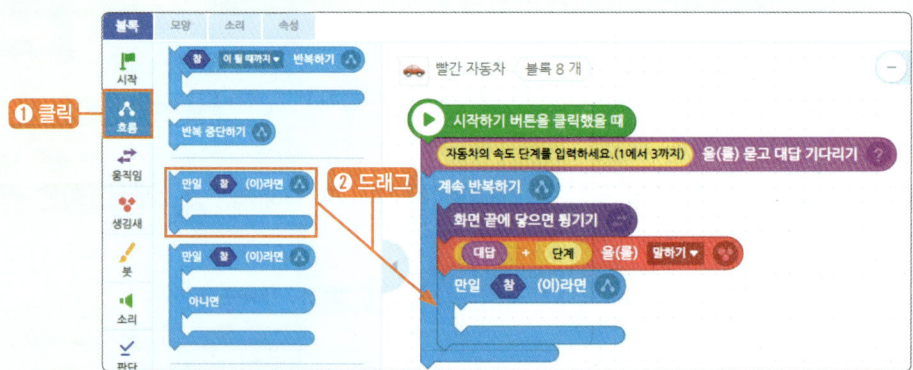

❽ 단계값을 비교하기 위해서 [판단]에서 ['10' = '10'] 블록을 '참'에 연결해 보세요.

⑨ 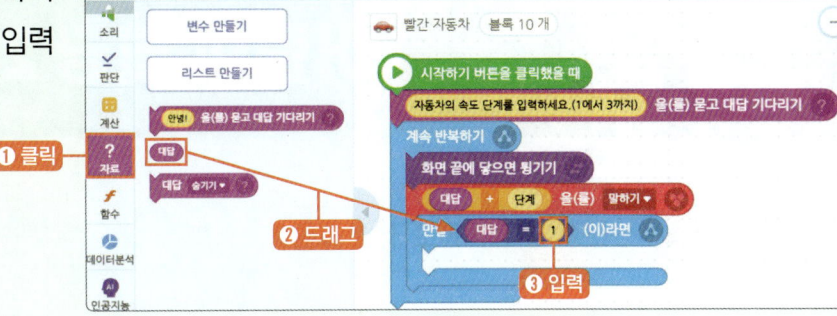 에서 [대답] 블록을 판단 블록의 왼쪽에 연결하고 오른쪽에는 '1'을 입력해 보세요.

⑩ [빨간 자동차] 오브젝트의 속도를 정하기 위해서 움직임에서 [이동 방향으로 '10' 만큼 움직이기] 블록을 조건 블록 안쪽에 연결한 후, 수정하세요.

※ 이동 방향(5)

02 블록 코드 복사하기

❶ 조건 블록에서 마우스 오른쪽 단추 [코드 복사 & 붙여넣기]를 클릭한 다음 아래쪽에 연결 후, [대답] 블록 오른쪽에는 '2'를 입력하고 속도 값은 '10'을 입력해 보세요.

❷ 같은 방법으로 코드 복사를 이용한 다음 [대답] 블록 오른쪽에는 '3'을 입력하고 속도 값은 '15'를 입력해 보세요.

❸  를 클릭한 다음 단계 숫자를 입력 후, Enter 키를 누르거나 체크 표시를 클릭한 다음 자동차의 속도를 확인해 보세요. 이어서, 자동차를 클릭하면 다시 단계를 입력하는 화면이 나와요.

CHAPTER 23 — 어린이 코딩 23일차

손으로 배우는 어린이 코딩

01 이미지에 맞는 조각을 찾아서 번호를 적어보세요.

- 준비물 : 연필

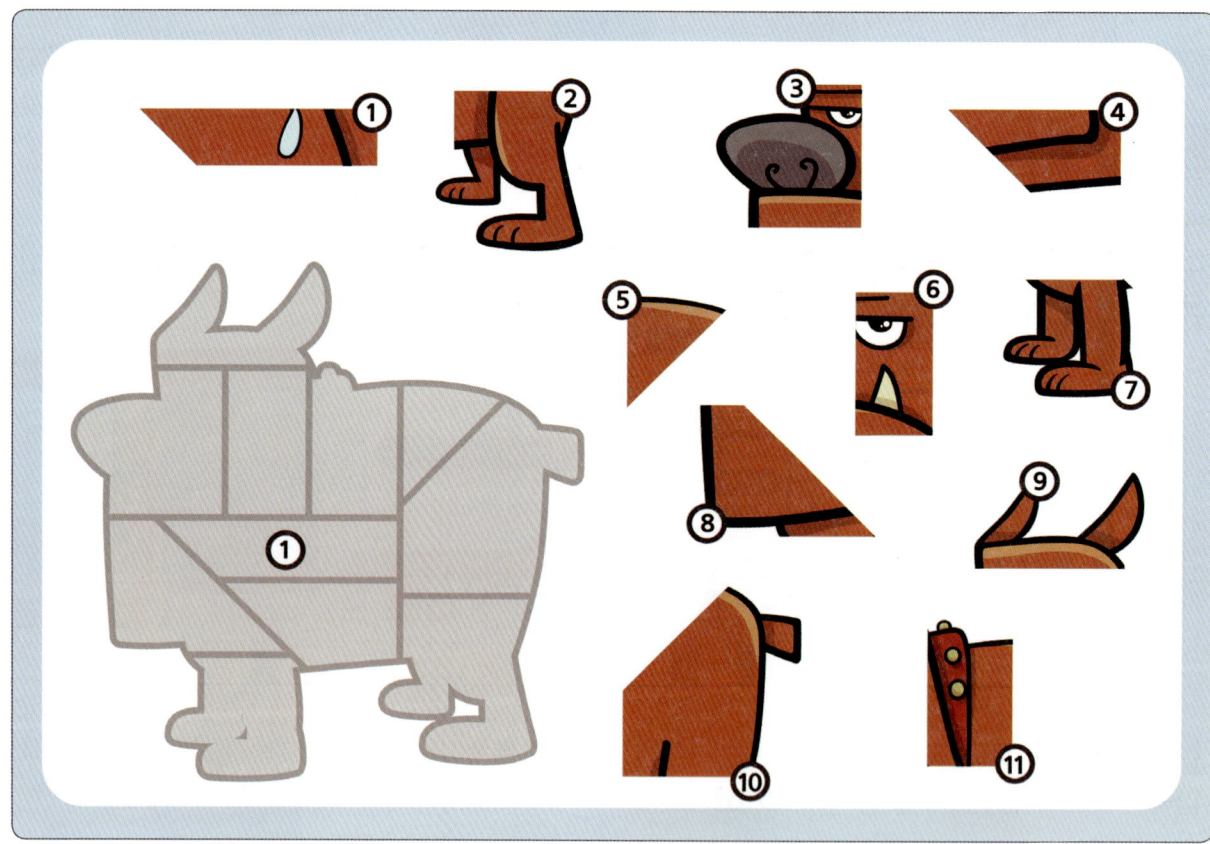

02 아래 이미지를 참고하여 사용된 도형과 같은 이미지를 연결해 주세요.

– 준비물 : 연필

03 오른쪽 이미지에 맞는 영어 단어를 찾아서 색칠해 보세요.

– 준비물 : 색연필

R	S	A	G	H	S	H	E	L	L	P
I	G	E	T	U	R	T	L	E	H	S
N	S	K	S	H	R	I	M	P	E	R
G	T	A	M	B	O	U	R	I	N	E
S	A	S	A	B	S	T	S	N	R	H
T	R	G	S	T	H	R	T	I	E	E
E	K	T	K	R	A	R	O	E	E	E
N	I	O	I	U	R	R	M	D	T	P
T	S	O	R	C	K	C	A	O	E	L
J	H	T	T	K	N	S	T	A	A	F
N	E	H	E	O	G	P	O	A	I	N

G	S	A	G	R	A	P	E	O	R	I
I	C	E	S	K	A	T	E	S	T	C
A	U	U	G	A	S	P	L	I	G	E
X	I	C	A	J	C	J	L	C	A	C
S	R	S	R	B	L	T	K	E	R	R
E	O	E	I	N	S	E	C	T	N	E
S	N	B	I	K	C	R	A	B	E	A
P	S	M	K	I	K	R	U	C	T	M
G	I	N	G	I	G	L	O	O	A	D
J	I	S	I	S	L	A	N	D	O	I
P	L	D	E	O	G	P	A	M	S	P

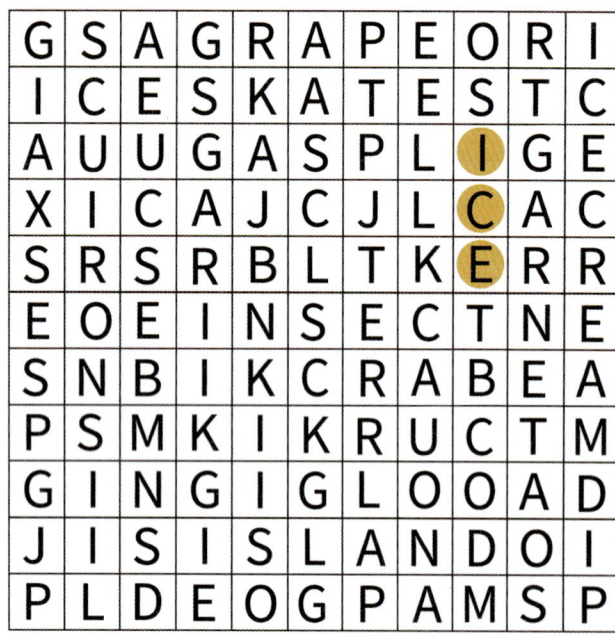

엔트리로 블록 코딩하기

■ 불러올 파일 : 엔트리 23일차.ent   ■ 완성된 파일 : 엔트리 23일차(완성).ent

01 악기 소리 재생하기

❶ [드럼 – 라이드심벌] 오브젝트에 [시작]에서 [오브젝트를 클릭했을 때] 블록을 블록 조립소로 이동해 보세요.

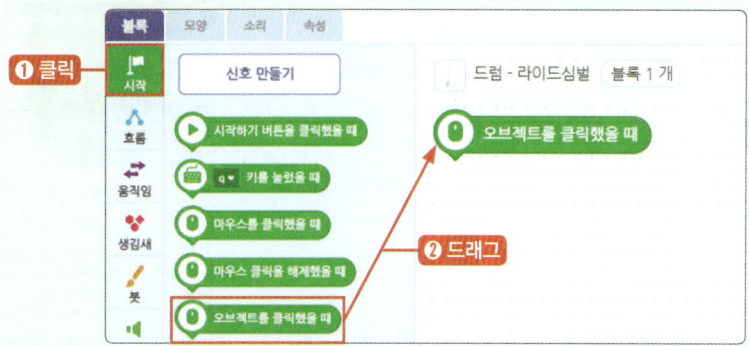

❷ 악기 소리가 계속 재생하기 위해서 [호름]에서 [계속 반복하기] 블록을 연결한 다음 ['2' 초 기다리기] 블록을 반복하기 안쪽에 연결해 보세요.

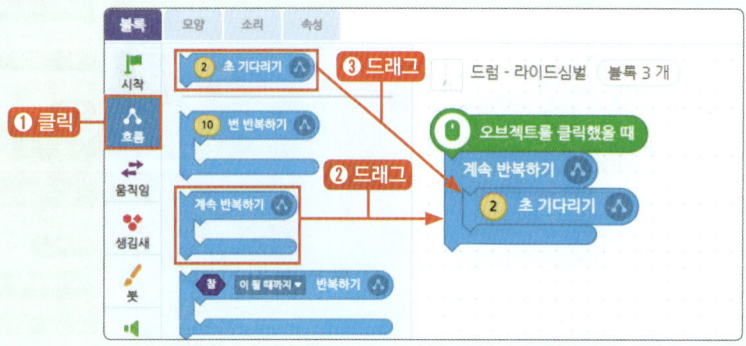

❸ 악기 소리 블록을 추가하기 위해서 [소리]에서 [소리 '라이드 심벌' 재생하기] 블록을 ['2' 초 기다리기] 블록 위쪽에 연결해 보세요.

CHAPTER 23 어린이 코딩 23일차 · 141

02 블록 코드 복사하기

❶ 완성된 [드럼 - 라이드심벌] 오브젝트의 블록 코드에서 마우스 오른쪽 단추를 눌러 [코드 복사]를 클릭하세요. 이어서, 오브젝트 목록에서 [드럼 - 베이스] 오브젝트를 클릭한 다음 블록 조립소에서 마우스 오른쪽 단추를 눌러 [붙여넣기]를 클릭하세요.

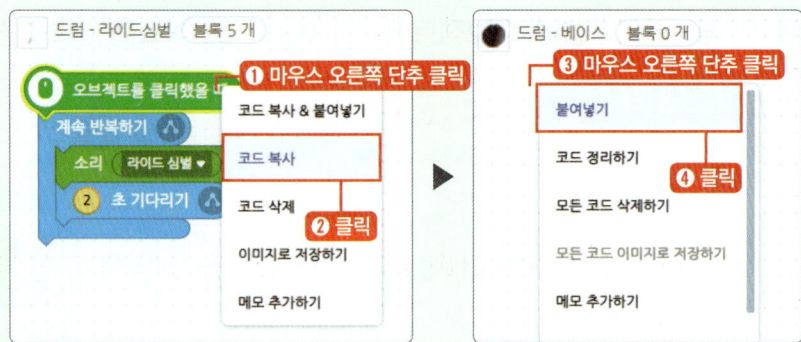

❷ 복사된 블록 코드를 수정하기 위해서 [소리]에서 [소리 크기를 '10' 만큼 바꾸기] 블록을 [오브젝트를 클릭했을 때] 아래쪽에 연결한 다음 소리를 선택하고 기다리기를 '2.5'로 수정해 보세요.

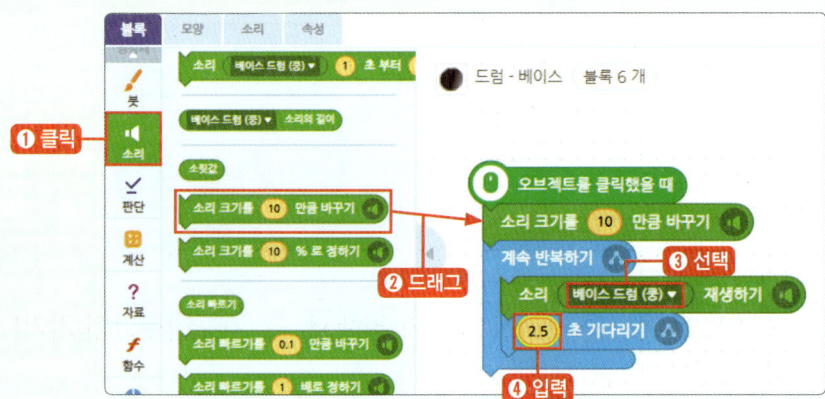

❸ 오브젝트 목록의 [드럼 - 스네어드럼] 오브젝트를 클릭한 다음 블록 조립소에서 마우스 오른쪽 단추를 눌러 [붙여넣기]를 클릭하세요. 이어서, 소리를 선택하고 기다리기를 '0.5'로 수정해 보세요.

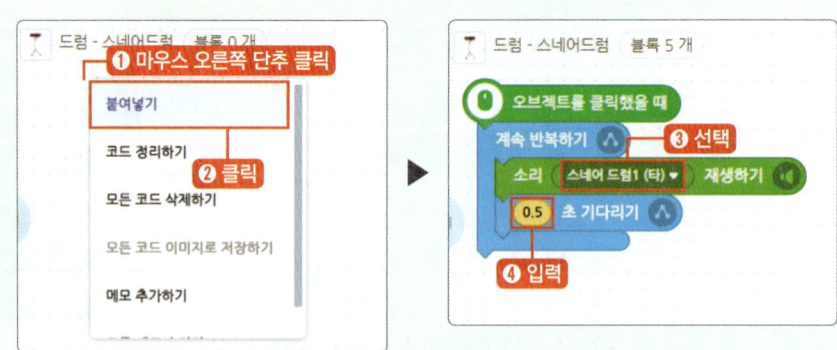

❹ 같은 방법으로 [드럼 – 플로어탐탐] 오브젝트도 블록 코드를 붙여넣기 하세요. 이어서, 소리를 선택하고 기다리기를 '1'로 수정해 보세요.

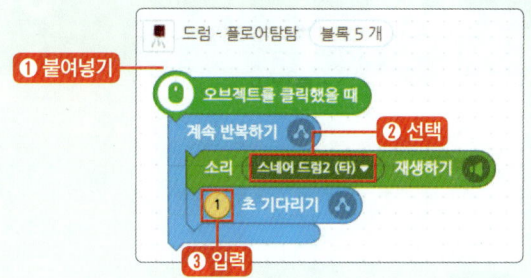

03 재생 소리 멈추기

❶ 오브젝트 목록에서 [손바닥 버튼] 오브젝트를 클릭하고 [시작]에서 [오브젝트를 클릭했을 때] 블록을 블록 조립소로 이동해 보세요.

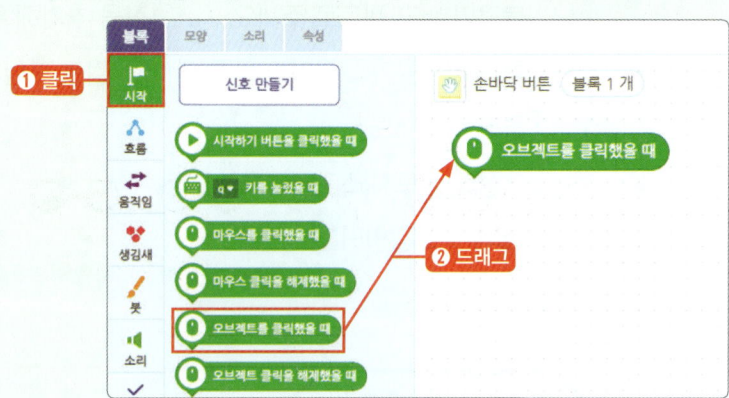

❷ 재생하는 소리를 멈추기 위해서 [흐름]에서 ['모든' 코드 멈추기] 블록을 연결해 보세요.

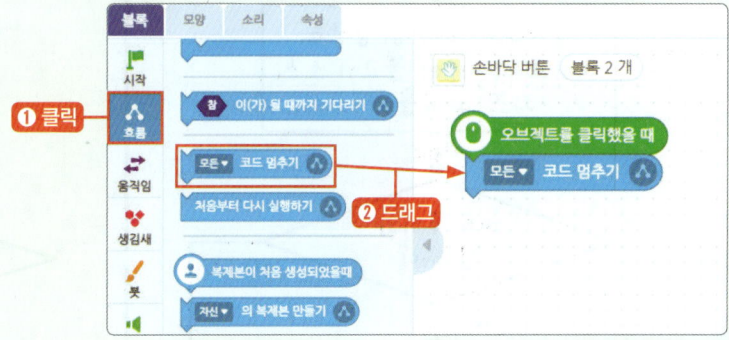

❸ [▶시작하기]를 클릭한 다음 악기를 클릭하면 소리가 재생되고 모든 소리를 멈추려면 [손바닥 버튼] 오브젝트를 클릭하면 소리가 멈춰요.

CHAPTER 24 어린이 코딩 24일차

손으로 배우는 어린이 코딩

01 손님이 주문한 햄버거 세트를 만들어 보세요.

― 준비물 : 연필

● **햄버거 주문**

점원 : 아소 햄버거 가게에 오신걸 환영합니다. 어떤 햄버거를 드릴까요?

손님 : 불고기 버거 세트로 주세요. 치즈 1장을 추가해 주세요.

점원 : 음료수는 콜라와 사이다 둘 중에 어떤 걸로 드릴까요?

손님 : 콜라로 주세요.

점원 : 매장에서 드시고 가시나요?

손님 : 아니요. 포장입니다.

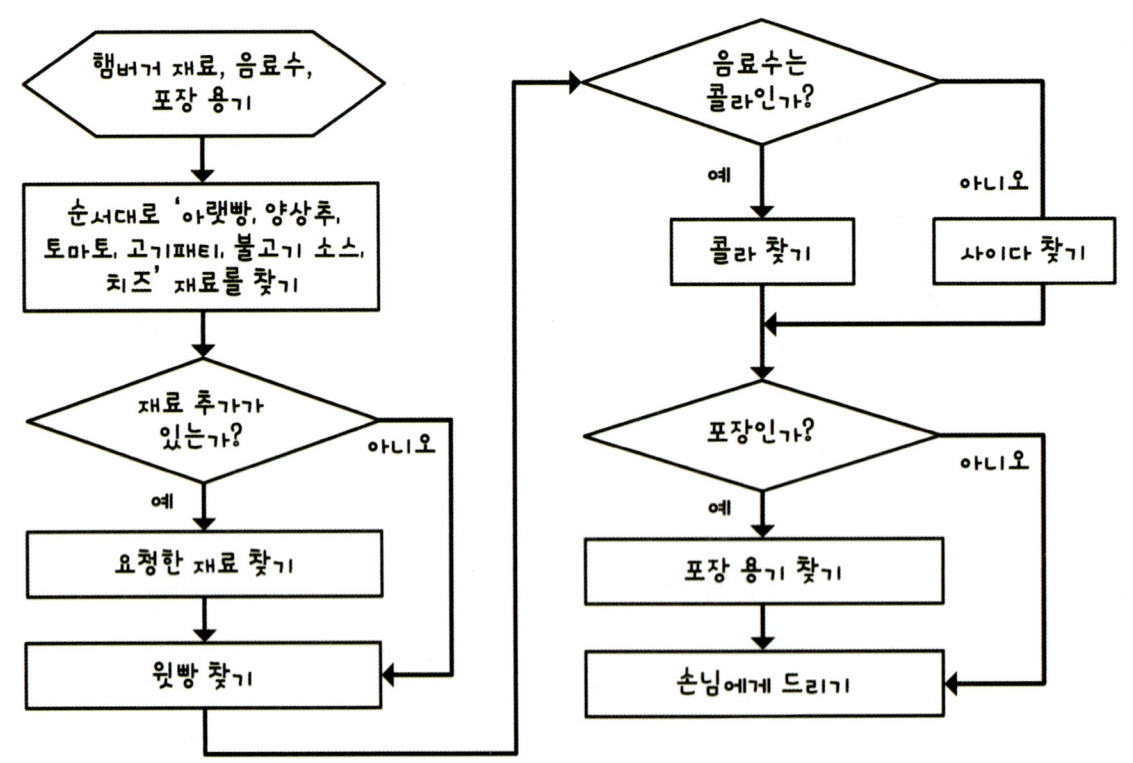

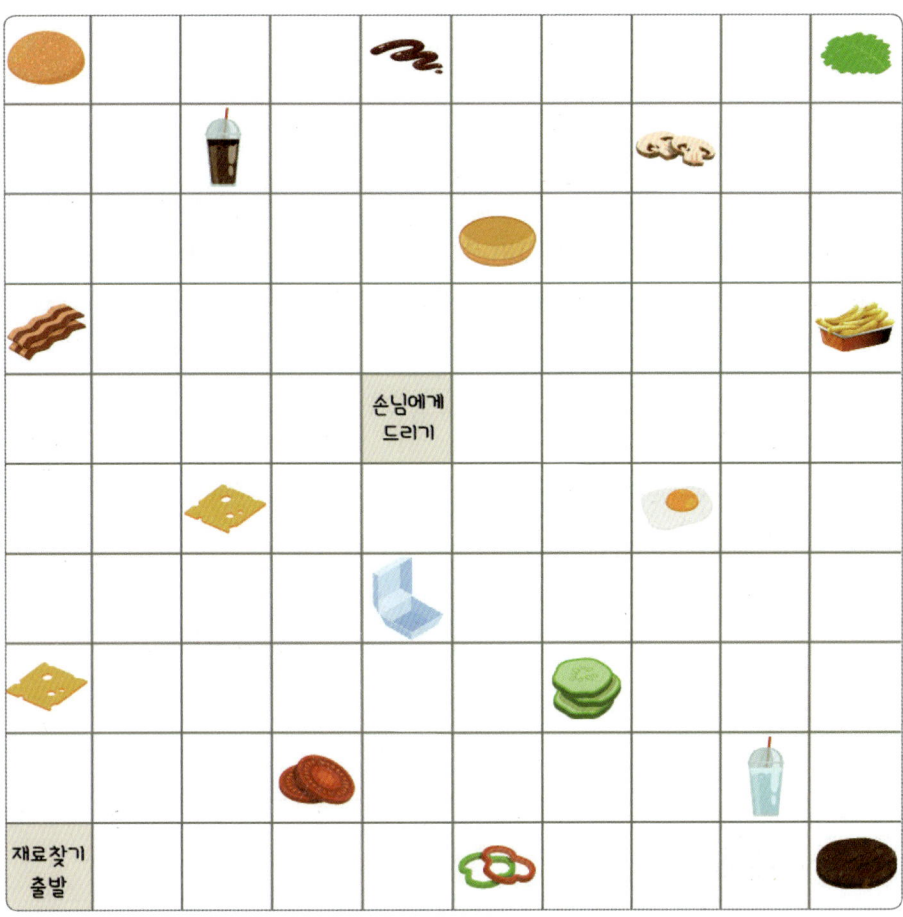

햄버거를 만드는 방법은 손님이 주문한 내용과 순서도를 참고하여 필요한 재료들만 순서대로 하나씩 찾아서 이동 방향을 적어 보세요. 단, 특정 재료를 찾은 후 다음 재료를 찾을 때는 재료를 찾은 현재 위치를 기준으로 다음 재료를 찾을 위치의 이동 방향을 적으면 돼요.

❶ 아랫빵 찾기 : → (1) ↑ ↑ ↑ ↑ ↑ ↑ ↑ (7) → → → → (4)
❷ 양상추 찾기 : ↑ ↑ (2) → → → → (4)
❸
❹
❺
❻
❼
❽
❾
❿
⓫

※ 햄버거 재료를 찾는 방법(이동 방향)은 여러 가지가 있을 수 있기 때문에 교재와 다를 수 있어요.

02 베이컨 에그 버거 재료 찾기

– 준비물 : 연필

스크래치 주니어 다음 과정으로 배우게 될 '엔트리' 또는 '스크래치3.0'은 X-Y 좌표 값이 음수와 양수로 구분되어 있어요. 이전 차시에서 'X-Y 좌표 땅따먹기'로 이미 학습을 했기 때문에 좌표의 개념은 알고 있을 거라 생각해요. 아래 표에서 베이컨 에그 버거를 만들기 위한 재료들의 X-Y 좌표 값을 찾아서 적어보세요.

❶ 아랫빵		❻ 베이컨	
❷ 양상추		❼ 소스	
❸ 치즈		❽ 계란	
❹ 토마토		❾ 윗빵	
❺ 버섯		❿ 콜라	

엔트리로 블록 코딩하기

■ 불러올 파일 : 엔트리 24일차.ent   ■ 완성된 파일 : 엔트리 24일차(완성).ent

01 ▶ 무덤 꾸미기

❶ 다음과 같이 오브젝트를 추가하여 배치해 보세요.
   ※ 오브젝트(처녀 귀신, 유령)

02 ▶ 유령이 사라졌다 나타나기

❶ 유령의 형제를 보이지 않기 위해서 [유령] 오브젝트를 클릭한 후, [시작]에서 [시작하기 버튼을 클릭했을 때]와 [흐름]에서 ['10' 번 반복하기] 블록을 블록 조립소로 드래그하고 연결하세요.

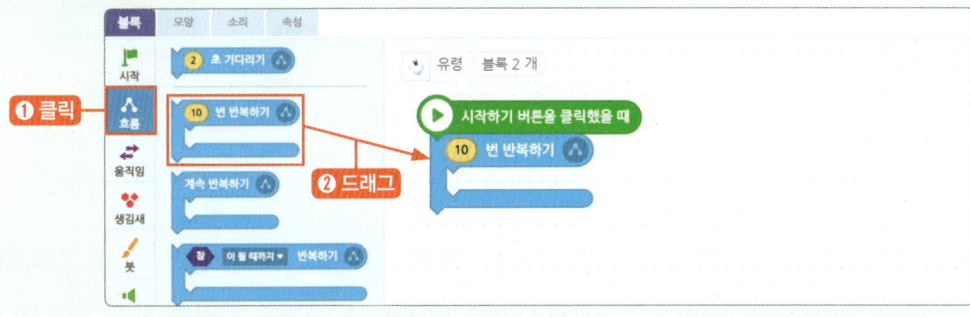

❷ [흐름]에서 ['2'초 기다리기] 블록과 [생김새]에서 ['색깔' 효과를 '10'만큼 주기] 블록을 블록 조립소로 드래그한 후, 다음과 같이 변경하고 ['10'번 반복하기] 안쪽에 연결하세요.
   ※ 기다리기(0.1초), 효과 주기(투명도, 10)

TIP
['2초' 기다리기] 블록의 시간에 따라 투명도 효과의 속도를 조절할 수 있어요.

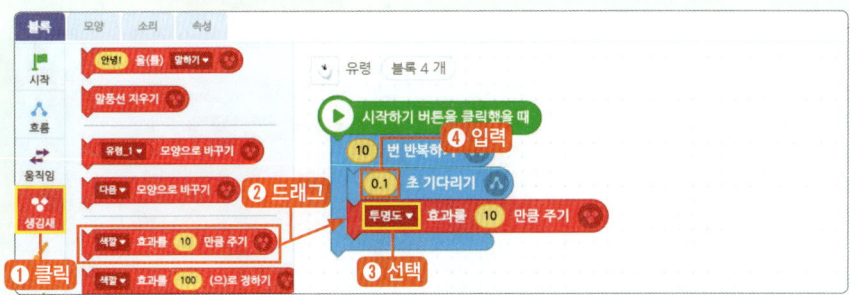

❸ 유령의 형체를 보이기 위해 완성된 블록에 마우스 오른쪽 단추를 눌러 [코드 복사 & 붙여넣기]를 클릭하세요. 이어서, 복사된 블록 코드를 다음과 같이 수정하고 연결하세요.

※ 효과 주기(투명도, -10)

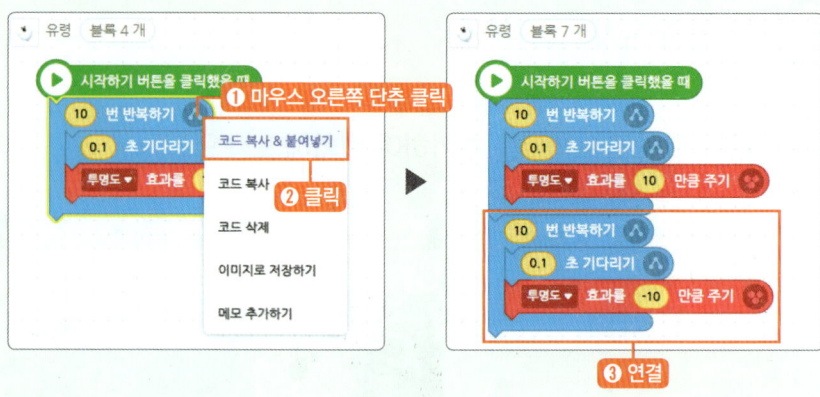

03 처녀 귀신이 사라졌다 나타나기

❶ 처녀 귀신의 형체를 보이지 않기 위해서 [처녀 귀신] 오브젝트를 클릭한 후, 생김새에서 ['색깔' 효과를 '10' 만큼 주기] 블록을 호름에서 ['2'초 기다리기] 블록을 블록 조립소로 드래그하세요.

※ 효과 주기(투명도, 100)

❷ 처녀 귀신의 형체를 보이기 위해 호름에서 ['10'번 반복하기]와 ['2'초 기다리기] 블록을 블록 조립소로 드래그하세요. 이어서, 생김새에서 ['색깔' 효과를 '10'만큼 주기] 블록을 다음과 같이 변경하고 ['10'번 반복하기] 안쪽에 연결하세요.

※ 기다리기(0.1초), 효과 주기(투명도, -10)

04 배경음악 넣기

❶ '무덤' 오브젝트에 소리 추가하기 위해서 [무덤] 오브젝트를 클릭한 후, [소리] 탭의 <소리 추가하기> 단추를 클릭하고 소리를 추가하세요.

※ 고요한 바람소리, 까마귀 울음 소리, 부엉이 울음 소리2

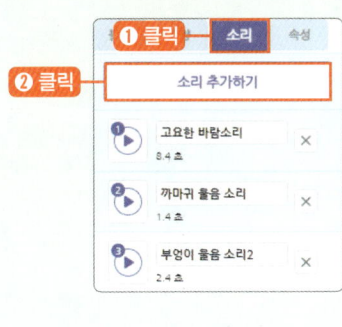
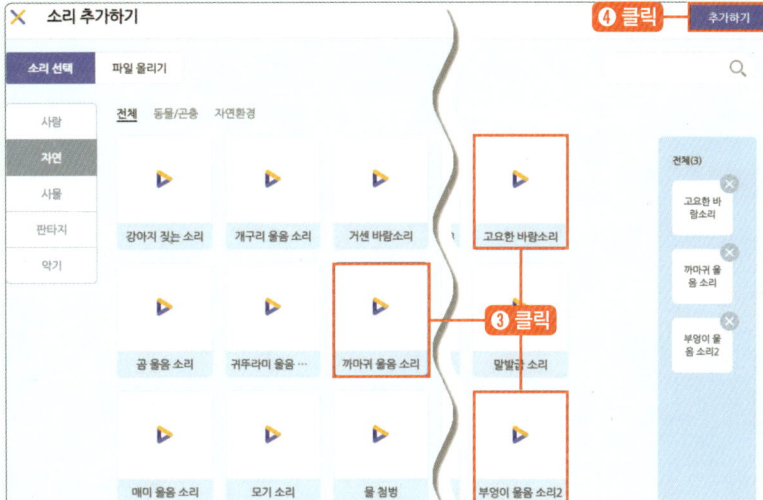

❷ 배경음악을 넣기 위해서 [소리]에서 [소리 '고요한 바람소리'을(를) 배경음악으로 재생하기] 블록을 연결하세요. 이어서, [흐름]에서 ['10'번 반복하기] 블록을 연결하세요.

※ 반복하기(2)

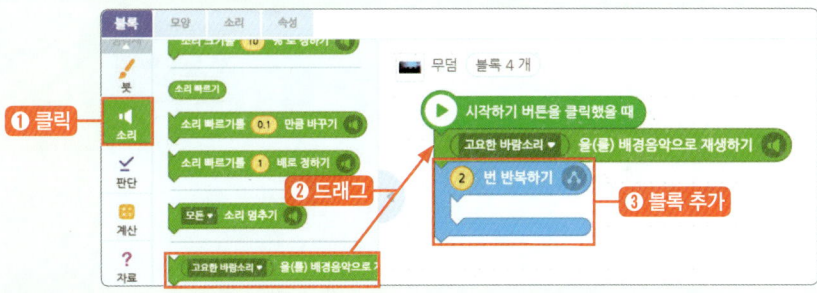

❸ [소리]에서 [소리 '고요한 바람소리' 재생하고 기다리기] 블록을 '2'번 반복하기] 안쪽에 두 번 연결하고 소리를 변경하세요.

※ 소리(까마귀 울음 소리, 부엉이 울음 소리2)

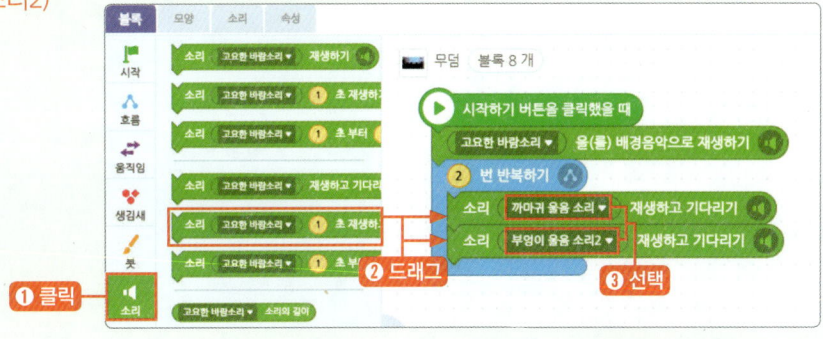

❹ ▶시작하기 를 클릭한 다음 배경음악과 투명 효과를 확인해 보세요.

MEMO

CHAPTER 22

어	나	마	장	이
지	우	소	유	정
화	대	무	구	버
전	공	방	모	사
부	아	하	수	주

★★★ 가위로 오려진 종이의 모서리는 날카롭기 때문에 주의하세요!!

이	장	마	나	어
정	유	소	우	지
버	구	무	대	화
사	모	방	공	전
주	수	하	아	부

부록 ①

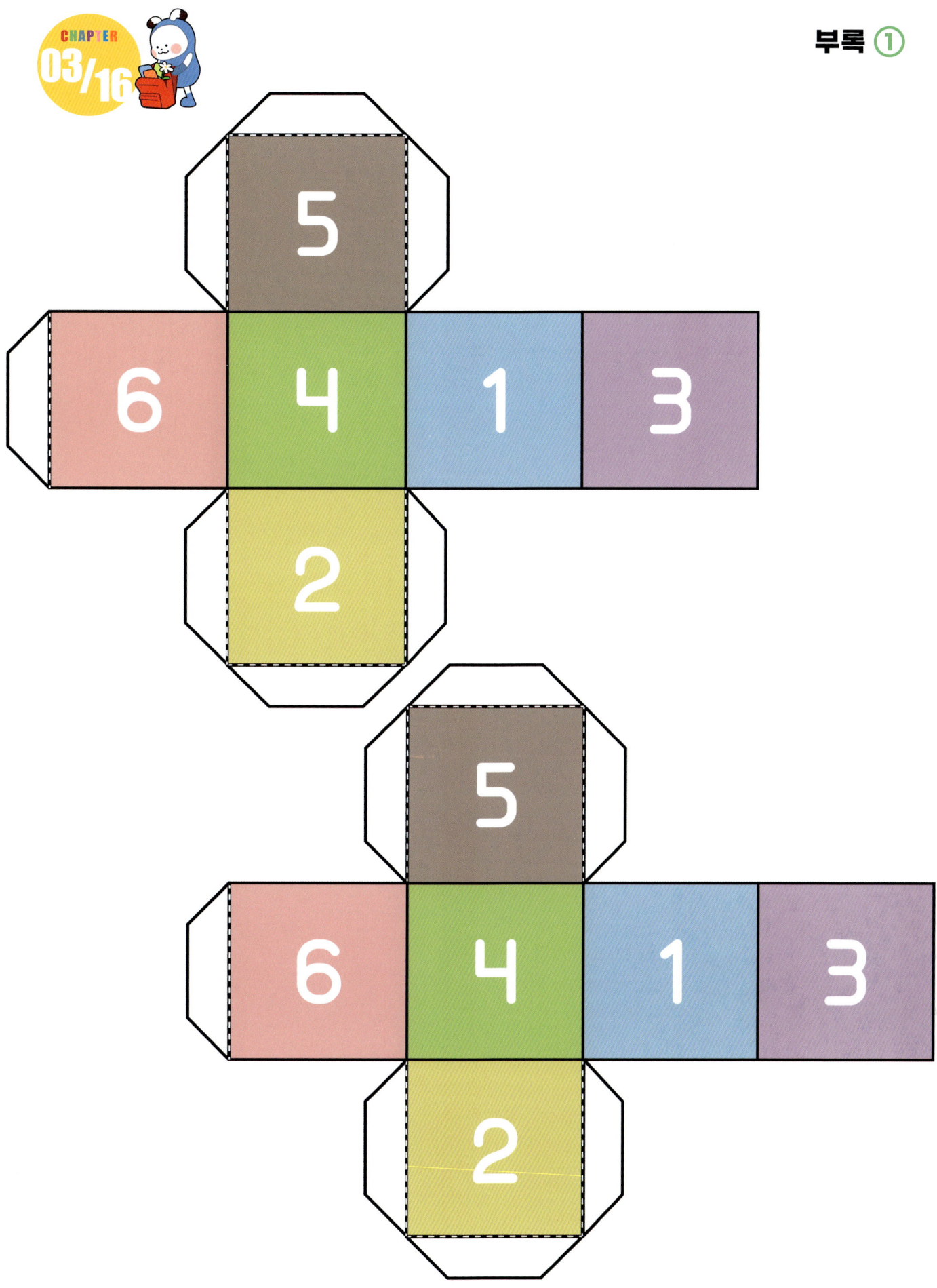

★★★ 가위로 오려진 종이의 모서리는 날카롭기 때문에 주의하세요!!

부록 ②

★★★ 가위로 오려진 종이의 모서리는 날카롭기 때문에 주의하세요!!

CHAPTER 08

부록 ③

★★★ 가위로 오려진 종이의 모서리는 날카롭기 때문에 주의하세요!!

CHAPTER 10

부록 ④

꽝

− + − +

꽝

50
60 40 10 30
20

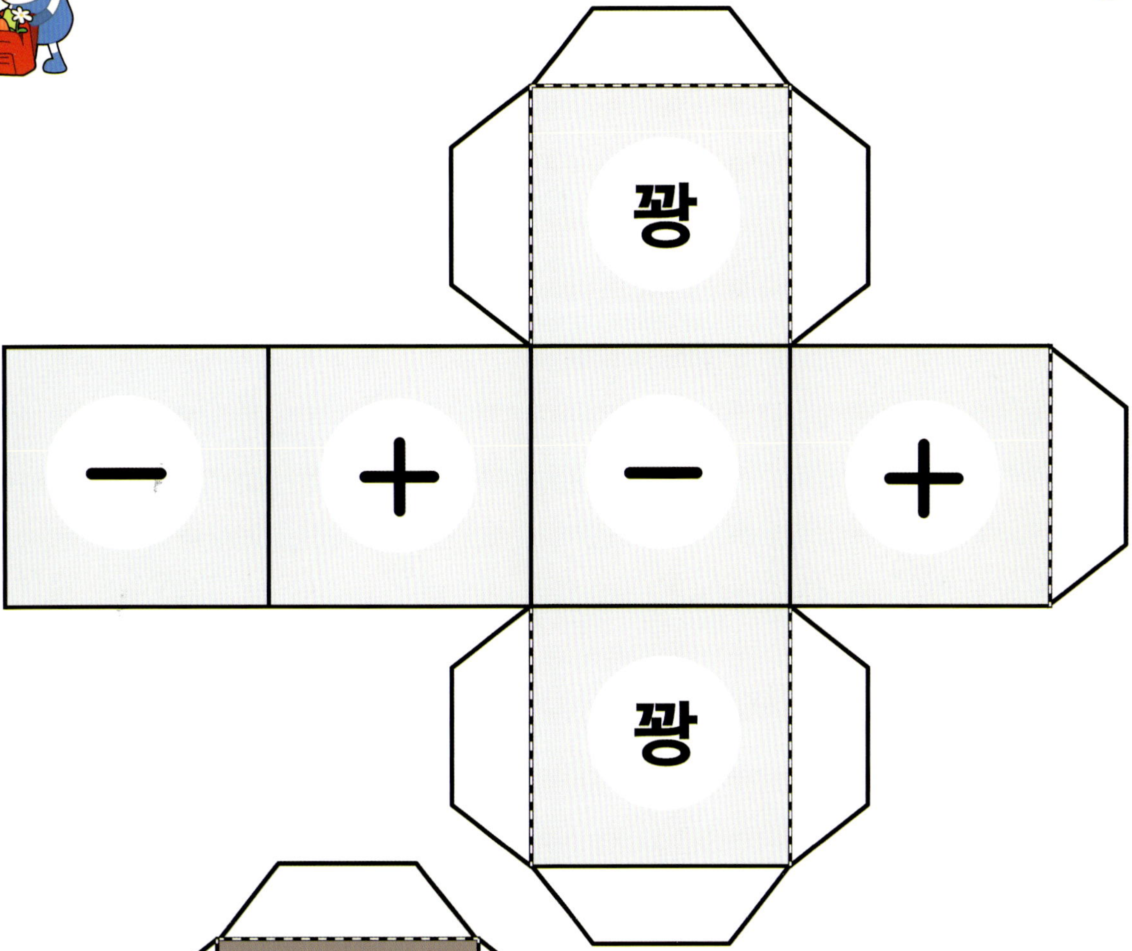

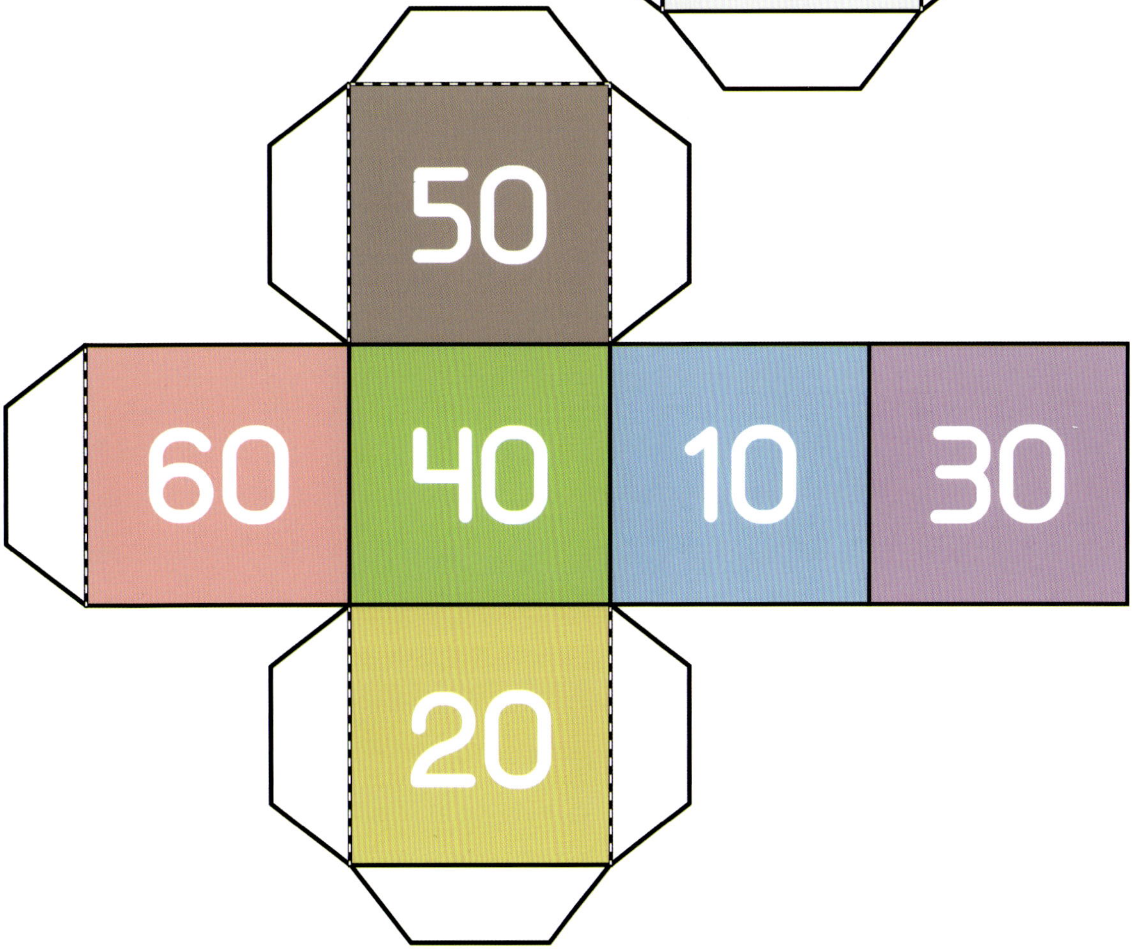

★★★ 가위로 오려진 종이의 모서리는 날카롭기 때문에 주의하세요!!

부록 ⑤

나만의 주사위를 만들어 보세요~

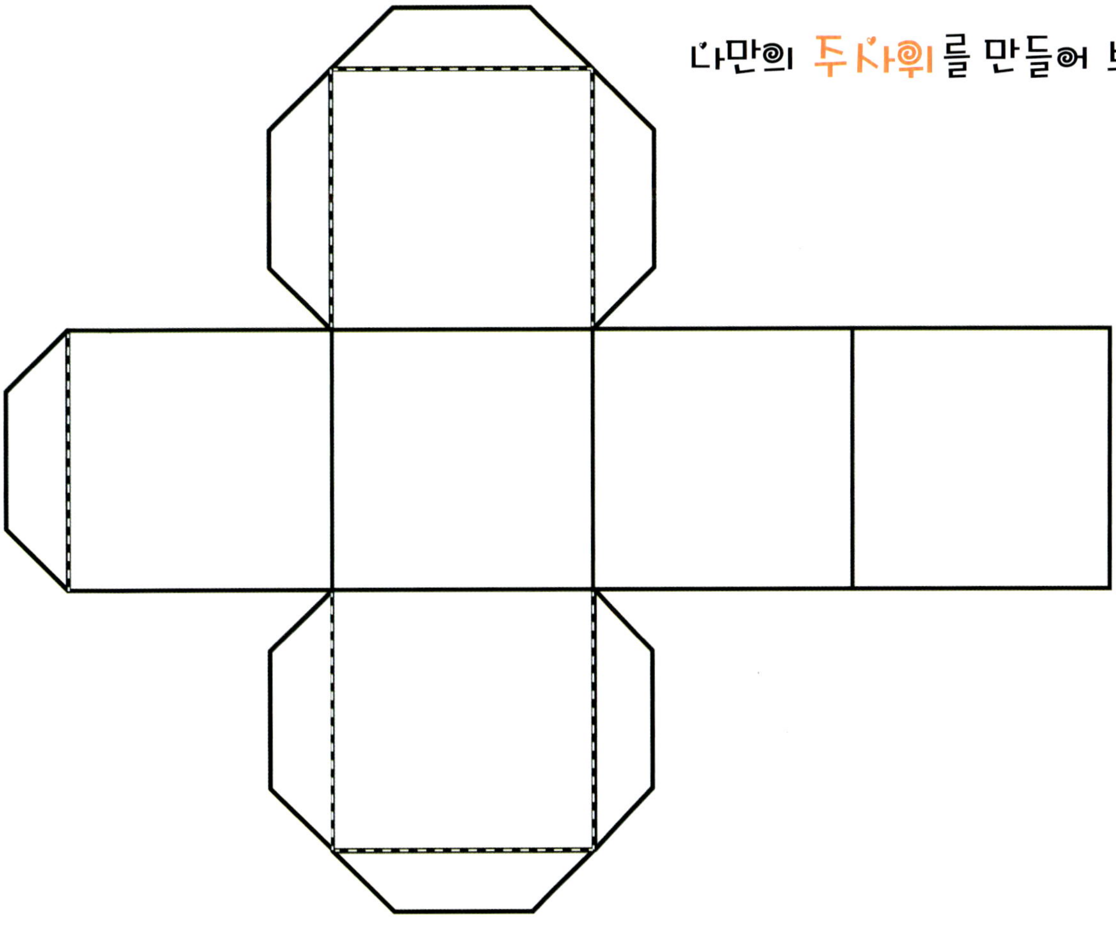

★★★ 가위로 오려진 종이의 모서리는 날카롭기 때문에 주의하세요!!

부록 ⑥

★★★ 가위로 오려진 종이의 모서리는 날카롭기 때문에 주의하세요!!

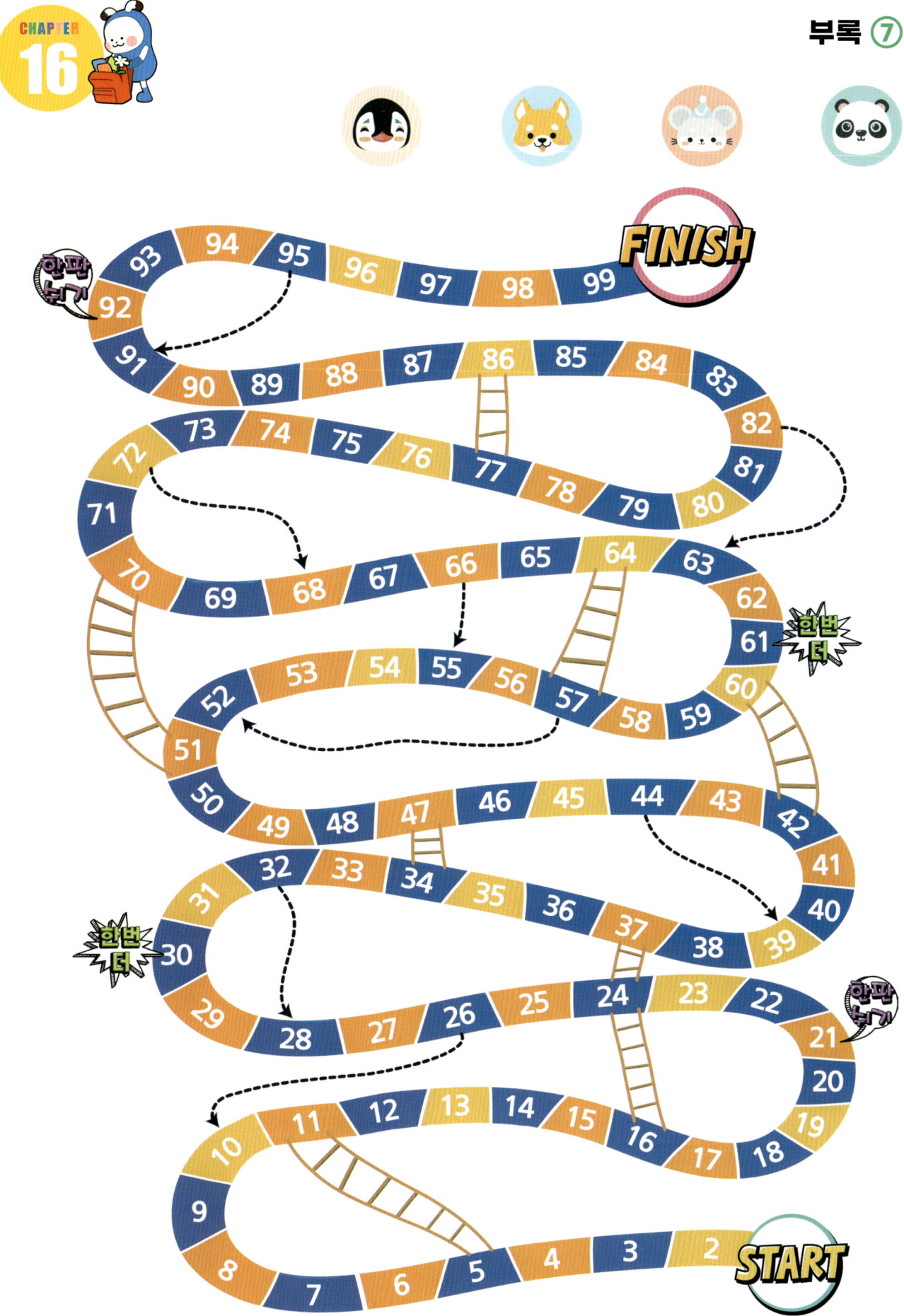

부록 ⑧